Mathias Jung

Seneca

Wege zur inneren Freiheit

Was ist der Mensch? Ein Gefäß, das zerbricht, wenn man es nur schüttelt oder rüttelt. Es bedarf keines großen Sturmes, damit du zerspringst … Was ist der Mensch? Ein schwacher, hinfälliger Körper, nackt, von Natur aus wehrlos, fremder Hilfe bedürftig, allen Kränkungen des Schicksals ausgeliefert … ein morsches, gebrechliches Wesen, das weinend sein Leben beginnt.

Und doch: Was für große Stürme erregt mitunter dieses so verachtete Geschöpf, zu welchen Gedanken schwingt es sich, seine Lage vergessend, auf! Unsterbliches, Ewiges wälzt es in seinem Sinn, entwirft Pläne für Enkel und Urenkel.

Seneca
Trostschrift für Marcia

die
blaue
reihe

Mathias Jung

Seneca

Wege zur inneren Freiheit

die
blaue
reihe

ISBN 3-89189-091-5
1. Auflage 2002
Umschlaggestaltung: Martin Gutjahr-Jung
Umschlagfoto: Bildarchiv Preußischer Kulturbesitz, Berlin
Zeichnungen: Reiner Taudien

Gesamtherstellung: Kösel, Kempten

Inhalt

Blüte des Denkens

Seneca und Plato mache dir zu Hausgenossen; wenn sie mit dir reden, dann lassen sie dich nicht in niedergeschlagener Stimmung.

Erasmus von Rotterdam
Brief an Peter Gilles (1516)

Müssen wir umdenken? Wir sprechen von der Ära der Antike als dem *Vorchristentum*. Das schmeckt nach Vorzimmer, nach Wartesaal, nach Uneigentlichkeit. Wir haben in unserem Bewusstsein, wie einen Wurm im Apfel, den Begriff *Heidentum* stecken; das klingt vollends nach Gottlosigkeit und Primitivität. Wir sind, ob wir religiös oder atheistisch sind, ob wir noch Kirchensteuer zahlen oder uns freireligiös verstehen, christozentrisch fixiert.

Komplexe wie *Gewissen*, *Gewissenserforschung*, *das Gute* und *das Böse*, *guter Wille*, *Gott*, *Schicksal*, *Wohltaten*, *Nächstenliebe*, *Ergebung in den Tod*, *Körper und Seele*, *Standhaftigkeit in Krankheit*,

GOTTLOSE,
PRIMITIVE
HEIDEN!

Prüfung durch das Leiden, Tugend, Trauer, Abwendung von der Welt, Rückzug auf das Innere – alle diese Begriffe verknüpfen wir mit dem Leben und Wirken des Jesus von Nazareth.

Es ist epochengeschichtlich noch nicht lange her, dass die Theologen beider christlicher Konfessionen allen Ernstes erörterten, ob „Heiden" wie Sokrates, Aristoteles oder Seneca in den Himmel kommen können, also gleichsam hoffähig sind, oder ob sie ewig im Inferno der Hölle schmachten müssen. Noch einer meiner Professoren an der Bonner Universität, der sich selbst einen *katholischen Philosophen* nannte und uns in das Denken von Augustinus, Thomas von Aquin und Anselm von Canterbury kundig einführte, pflegte mit einem barmherzigen Lächeln zu bemerken, die antike Philosophie, von den Naturphilosophen des alten Griechenlands bis zum weltläufigen Seneca, sei *nur ein Vorspiel.*

Vorspiel zu was? Ouvertüre, die mit ihrem Grundthema die eigentliche Symphonie nur anklingen lässt? Haben die Denker Griechenlands und des Römischen Reiches – von den Arabern, Indern und Chinesen einmal ganz zu schweigen – nur in einem minderen, gleichsam narkotisierten geistigen Zustand gelebt, jenseits philosophischer Reflexionen, tragischer Lebenssuche, Transzendenz und Sinndeutung?

Wenn man jedoch die geistigen Landschaften des Zeitalters *vor Christus* kartographiert, gerät man aus dem Staunen nicht mehr heraus. Exakt das Staunen, der Zweifel, das sokratische Diktum *Ich weiß, dass ich nichts weiß* stehen am Beginn der abendländischen Philosophie. Ein kurzer Blick auf diese geistigen Traditionslinien enthüllt, so scheint mir, das Abenteuer und die Blüte des Denkens mit pulstreibender Spannung.

Da sind die sogenannten Vorsokratiker. Seit Beginn des sechsten Jahrhunderts vor Christus treten, zunächst in den griechischen Kolonien an der Westküste Kleinasiens, vereinzelt Denker aus dem Rahmen der mythisch-religiösen Weltdeutung heraus. Sie entdecken die *philosophia, die Liebe zur Weisheit*, das Denken des Denkens. Sie reflektieren über die Natur, den Menschen, den Sinn des Lebens. Sie fragen: Was ist der Grund alles Seienden?

Thales antwortet: *Das Wasser ist der Urgrund.*

Pythagoras, der Mathematiker, meint: *Alles entspricht der Zahl.* Pythagoras, zeitweise im Land der Pyramiden lebend, ist es auch, der an die ägyptische Lehre der Wiedergeburt und die Seelenverwandtschaft von Mensch und Tier glaubt. Als er jemanden einen Hund misshandeln sieht, ruft Pythagoras voller Mitleid: *Hör auf mit deinem Schlagen! Denn es ist ja die Seele eines Freundes, die ich erkannte, wie ich ihre Stimme hörte.*

Heraklit, der *Dunkle* genannte Philosoph, sieht den Urgrund des Lebens dialektisch-bewegt: *Alles fließt. Man steigt nicht zweimal in den gleichen Fluss.* Parmenides, der Ontologe, der Lehrer vom Sein, lehrt, *dass Seiendes nicht hervorgebracht wird und unzerstörbar ist.* Gott ist das Weltganze selbst, das Eine und das Alles, das *eine* Sein.

Anaxagoras, der Freund des Staatsmannes Perikles, antwortet auf die Frage, warum er auf die Welt gekommen ist: *Zur Beobachtung von Sonne, Mond und Himmel.* Er nennt den Geist als Agens, als Treibkraft alles Seienden: *Der Geist ist etwas Unendliches und Selbstherrliches, und er ist mit keinem Dinge vermischt.* Im Jahre 433 wird Anaxagoras, wie dreißig Jahre später Sokrates, wegen *asebia*, Gottlosigkeit, angeklagt. Er wird aus Athen verbannt. Weil er die Sonne statt für ein göttliches Wesen für eine „glühende Steinmasse", größer als den Peloponnes, hält ...

Demokrit, der weit gereiste Weltforscher, wird der Begründer des modernen atomaren Weltbildes. Die Urgründe des Alls, erkennt er, sind die Atome und das Leere. Die Atome sind nach Demokrit die letzten, *unzerschneidbaren (a-tomoi)* Materieteilchen: Aus ihnen ist die Seele ebenso zusammengesetzt wie die zahllosen vielen Welten, zu denen sich die Atome verbinden.

Protagoras, der bedeutende Athener Sophist, der Lehrer der Weisheit, verkündet die Maxime aller Aufklärung: *Der Mensch ist das Maß aller Dinge.* Wir sind da heute, im Zeitalter des Faschismus, der Weltkriege, der Ökologiekatastrophe gebrannte Kinder – und skeptischer. Und doch war die Erkenntnis der prometheischen Gestaltungskraft des Menschen ein strahlendes Licht in der Ära der menschheitsgeschichtlichen Götterdämmerung.

Welch eine grandiose Blüte der Philosophie

und Denkkultur weit vor dem Christentum! Aus diesem denkerischen Steinbruch haben sich die Philosophen von Augustinus, Thomas von Aquin über Kant, Fichte, Hegel bis Heidegger und Sartre bedient!

Da ist Sokrates. Der Denkrebell und todeskonsequente Freiheitsdurstige. Er begründete die Mündigkeit des Menschen: Mein Gewissen, sagt Sokrates, ist die unverbrüchliche Norm gegen alle religiösen Dunkelmänner, totalitären Ideologen und Fundamentalisten.

Übergehen wir, schweren Herzens, Platon, den Ethiker, den Leibfeind und den Beschwörer der unsterblichen Seele. Nennen wir auch lediglich Aristoteles, den großartigen Systematiker, Wissenschaftler, Staatsrechtslehrer und Enzyklopädisten. Verweisen wir nur kurz auf den lebensverliebten Philosophen Epikur. Naturerkenntnis ist für den Mann auf Samos nicht Selbstzweck. Sie soll den Menschen vielmehr von den Drohbotschaften der Priesterkaste und der Furcht vor dem Tod befreien. Das Ja zur geistigen und sinnlichen Lust ist bis heute für kultivierte Lebensgenießer und Freigeister als das heitere Erbe des Epikureismus lebendig.

Erinnern wir schließlich an den gelehrten römischen Materialisten und Kritiker der römischen Götterkulte, Lucrez (96–55 v. Chr.). *Timor facit deos*, diagnostiziert der Epikur-Schüler in seinem grandiosen Lehrgedicht *Über die Natur: Die Furcht lässt uns Götter erschaffen.*

Nähern wir uns der rund 500 Jahre blühenden Philosophie der *Stoá poikile.* Das war eine bunte Säulenhalle in Athen, daher der Name. Denn die griechischen Tempel waren, ähnlich wie die romanischen Kirchen des Christentums, in grellen Farben angemalt. Zur älteren Stoá zählen Denker wie Kleanthes und Chrysippos. Panaitios und Poseidonios zählen zur mittleren Stoá. Seneca, Musonius, der freigelassene Sklave Epiktet und Kaiser Marc Aurel gehören zur jüngeren, römischen Stoa. Die Stoa entwickelte sich zu einer Art *ethischen Religion* der gebildeten Römer.

Die Stoa lehrt die Existenz einer göttlich gefärbten Weltseele (die an Spinozas Pantheismus erinnert). Sie besteht auf der Vernunft und sittlichen Mündigkeit des Menschen. In der frühen Stoa überwiegt ein moralischer Determinismus. Er besagt sinngemäß: Unser ganzes Leben ist vorbestimmt. Der freie Wille ist eine Illusion. Es bleibt nichts anderes moralisch übrig, als sich gegen alle mögliche drohende Pein in die *apathia*, die Schmerzlosigkeit, zurückzuziehen. Schopenhauer, ein brillanter Denker des Pessimismus im 19. Jahrhundert, hat diese Philosophie des asketischen Willensverzichtes in seinem Hauptwerk *Die Welt als Wille und Vorstellung* wortmächtig aktualisiert.

Die stoische Philosophie zielt auf ein Leben in *Übereinstimmung mit der Natur* und wahrhaft *stoischem* Gleichmut gegen Unglück. Sie bekräftigt die *Moralität* und *Sozialität* des Menschen, seine soziale Gebundenheit und Verpflichtung. Sie ruft uns dazu auf, unterscheiden zu lernen, was in unserer Gewalt ist und was nicht, was wir akzeptieren müssen und was wir bekämpfen können.

Noch das berühmte tröstliche Gebet Friedrich Christoph Oetingers aus dem 18. Jahrhundert steht, jenseits seiner religiösen Zentriertheit, in zweitausendjähriger stoischer Tradition:

Gib mir die Gelassenheit,
Dinge hinzunehmen,
die ich nicht ändern kann,
gib mir den Mut,
Dinge zu ändern,
die ich ändern kann,
und gib mir die Weisheit,
das eine vom anderen
zu unterscheiden!

Homo sum, humani nihil a me alienum puto – Ich bin ein Mensch, nichts Menschliches sei mir fremd – dieses humanistische Bekenntnis, zu dessen Fürsprecher sich stoische Politiker-Philosophen wie Cicero, Seneca oder Kaiser Marc Aurel machen, ist eines der großen Vermächtnisse des nüchternen, lebenspraktischen römischen Geistes an die Nachwelt. Philosophie als *Lebenskunst* also.

Es ist ein Geschenk der Götter, dass wir leben, konstatiert Seneca, *dass wir aber richtig und sittlich gut leben, verdanken wir der Philosophie.* Seneca kommt zu dem Schluss: *Das Schicksal hat nicht den langen Arm, den man ihm zuschreibt: Es hat nur Gewalt über Menschen, die sich an das Schicksal klammern oder es fürchten. Daher gilt es, Abstand zu gewinnen, indem wir die Natur und uns selbst klar erkennen, uns bewusst werden, woher wir kamen und wohin wir gelangen wollen, was gut und was schlecht für uns ist, was als gottwürdig zu erstreben und was zu meiden ist. All das lehrt uns die Philosophie als Lebenskunst.*

Wer ist dieser Seneca, der als philosophischer Schriftsteller und als Moralist, als Politiker, als Tragödiendichter und Stilist, als Redner und Jurist an die Öffentlichkeit tritt und, ähnlich wie Sokrates, für seine Überzeugung in den Tod geht? Wer ist der Mann, den die mittelalterlichen Gelehrten, obwohl er ein „Heide" war, so schätzten? In Dantes *Göttlicher Komödie* erscheint er als *seneca morale*, also als großer Moralphilosoph. Im europäischen Humanismus fungierte er als eine geistige Autorität und fand sogar in katholischen Kirchen einen Platz. Am Chorgestühl des Ulmer Münsters kann man eine großartig geschnitzte, lebensgroße Skulptur des Philosophen Seneca betrachten, die Jörg Syrlin der Ältere (1469 bis 1474), kunstvoll geschnitzt hat.

Einer der größten religiösen Humanisten Europas, Erasmus von Rotterdam (1466 bis 1536), gab eine Werkausgabe des antiken

Denkers heraus. Der Maler Peter Paul Rubens stellte in sein Gemälde *Die vier Philosophen* die Büste Senecas ins Bild. Philosophen wie Michel de Montaigne (1533–1592) und Arthur Schopenhauer (1788–1860) sind ohne Senecas Vorbild nicht denkbar. Auch bedeutende christliche Denker wie Thomas von Kempen (1318–1471) und der Begründer des Jesuitenordens Ignazius von Loyola (1491–1556) transponieren Senecas Methodik der Seelenleitung mit ihren Exerzitienbüchern ins Religiöse. Senecas Tragödien beflügelten das humanistische wie das barocke Schauspiel.

Der Philosoph Michel Foucault formulierte vor wenigen Jahren eine Absage an die philosophische Kathederwissenschaft, die sich auf den theoretischen Diskurs weniger Fachleute im universitären Elfenbeinturm beschränkt. Er fordert stattdessen im Blick auf Sokrates und Seneca, Philosophie müsse wieder *Lebenslehre* werden. Sie müsse Leitwissenschaft der Zukunft sein und lebensgetränkte *Sorge um sich*.

Wer also ist dieser Seneca?

Römischer Bürger

In dem leidenschaftlichen Ernst, mit dem Seneca immer wieder Aufgabe und Bedeutung des Willens hervorhebt, liegt etwas eigentümlich Römisches, das ihn von aller griechischen Philosophie unterscheidet. Und echt römisch wird nun der Wille durch Rat, Vorschrift und Beispiel angesprochen.

Jürgen Kroymann,
Seneca und der Stoizismus

D*er praktische Philosoph, der Lehrer der Weisheit durch Lehre und Beispiel*, sagt Kant einmal, *ist der eigentliche Philosoph*. Seneca, der Zeitgenosse Jesu, war so ein Lehrer der Weisheit durch Lehre und Beispiel – und ein eminent moderner Kopf. Gerade das, was uns in seinen Ideen heute so selbstverständlich und human anmutet, war für seine Zeit alles andere als alltäglich. Vergessen wir nicht, es ist die Zeit der unumschränkten römischen Skla-

BEGEGNUNG DER KULTUREN

venhaltergesellschaft, der Vielgötterei, des kruden Aberglaubens, des paranoischen Irrationalismus, der Christenverfolgung, von „panem et circences“ (Brot und Spiele). Es ist die Epoche einer imperialen Weltmacht. Sie herrscht als Kolonialmacht von Nordafrika bis ins neblige Britannien.

Lucius Annaeus Seneca wird 748 nach Gründung Roms, das heißt nach unserer Zeitrechnung im Jahre 4 vor Christus, im andalusischen Corduba, der Hauptstadt der römischen Provinz Baetica, geboren. Er ist also von Geburt Spanier und römischer Weltbürger zugleich. Denn sein Vater Seneca ist ein reicher römischer Bürger. *Civis Romanus*, römischer Bürger, zu sein, das ist ein Privileg, wie heute einen amerikanischen Pass zu besitzen und über Dollar zu verfügen. Ein römischer Bürger genießt eine Fülle politischer, juristischer und materieller Vorteile. Auch im Ausland schützt ihn das mächtige Imperium Romanum. Er spricht die Weltsprache Latein und, wenn er gebildet ist, auch die Sprache der Philosophie, der Dichtung und der Medizin, Griechisch. Er ist der Bürger *der* Weltmacht.

Vater Seneca, Mutter Helvia, Bruder Novatus und Leibsklaven ziehen mit dem kleinen Lucius zurück nach Rom. Der Vater Seneca, der fast neunzig Jahre alt wird, hat noch den Todeskampf der römischen Republik und den Übergang zu den Kaiserdynastien erlebt. Er verfasst eine Geschichte Roms mit demokratischer Tendenz. Seneca schreibt später zu diesem Werk, als Einleitung, die Biografie des Vaters. Er erweist dem Vater Respekt, kritisiert jedoch zugleich dessen private „konservative Starre". Dieser Konservativismus habe eine richtige Bildung seiner Gattin Helvia verunmöglicht. Er schreibt an seine Mutter Helvia: *Hätte doch der Männer Bester, mein Vater, weniger den Anschauungen der Vorfahren unterworfen, gewünscht, du solltest nach den Lehren der Weisheit lieber erzogen als nur flüchtig eingeführt werden.* Ein Frauenschicksal um die Zeitwende.

Lucius Annaeus Seneca ist der mittlere von drei Brüdern. Novatus, der Älteste, wird später Statthalter der griechischen Provinz Achaea. Laut christlicher Apostelgeschichte steht er dort Paulus gegenüber, den die Juden von Korinth anklagen. Der Jüngste, Mela, als Nesthäkchen in Rom geboren, macht Geldkarriere. Er wird ein reicher kaiserlicher Procurator. Lucius Annaeus Seneca erhält eine sorgfältige Ausbildung zum Redner und Rechtsanwalt.

Lucius ist ein kleiner, schmächtiger Jüngling, von Tuberkulose, Herzarrythmien und qualvollen Asthmaanfällen gezeichnet. Asthma kann als Angstkrankheit schlechthin gelten. Senecas Werk wird an vielen Stellen beherrscht sein von der Auseinandersetzung mit Angst und Tod. *Ich kam so weit herunter*, erinnert er sich später, *dass ich völlig abmagerte. Wiederholt nahm ich Anlauf, mein Leben zu beenden … Was mich damals tröstete, will ich … sagen … Der Philosophie verdanke ich, dass ich mich wieder aufrichtete, dass ich genas. Ich danke ihr mein Leben, und das ist das Geringste, was ich zu danken habe.*

Seine philosophische Erweckung erfährt Seneca durch den Stoiker Attalus. Mit Attalus unterscheidet Seneca fortan zwischen *natürlichen* und *unnatürlichen* Bedürfnissen. Er meidet Austern, Parfums und weiche Betten als unnatürliche Bedürfnisse. Den Tag beschließt der junge Seneca nach pythagoreischer Sitte mit der Erforschung des Gewissens (wie die

Jesuiten beispielsweise es heute noch praktizieren).

Von den pythagoreischen Philosophen übernimmt Seneca die Auffassung, dass Grausamkeit bei dem, der Tiere tötet, auf den Charakter abfärbt und dass tierische Nahrung für Körper und Seele schädlich ist. *Auf Grund dieser Belehrung*, bekennt Seneca, *enthielt ich mich von da an der tierischen Nahrung; nach Verlauf eines Jahres war es eine leichte und auch angenehme Gewohnheit. Meine geistige Elastizität kam mir größer vor* ... Als der Kaiser Tiberius fremdländische Gottesdienste verfolgt, deren Anhänger Fleischabstinenz einhalten, nimmt Seneca auf Bitten seines Vaters wieder den Fleischverzehr auf. Er behält aber zeitlebens einen wachen Sinn für das Krankmachende falscher Ernährung. Als Kaiser Nero eines Tages seinen Ratgeber Seneca fragt, *woher kommen die vielen Krankheiten*, erwidert der Philosoph schlagfertig, *Herr, zähle die Köche!* Max Otto Bruker, der Ganzheitsarzt und Vollwertpapst, lässt grüßen!

Mit dreißig Jahren, nach Studienabschluss, reist Seneca nach Ägypten. Dort lässt er sich von der pythagoreischen Denkweise der *Ehr-*

furcht vor dem Leben und der *Furchtlosigkeit vor dem Tode* faszinieren. Seneca publiziert über die Geographie und die religiösen Sitten Ägyptens. Auch ein Werk über Mineralien, Fische und Erdbeben schreibt der junge Gelehrte mit leichter Hand. Doch Seneca ist ein *homo politicus:* ihn zieht es zu den öffentlichen Aufgaben. Seneca wird Redner, Rechtsanwalt und Volksvertreter. Seine brillanten oratorischen Fähigkeiten machen ihn zum Publikumsmagneten der Welthauptstadt Rom. Seneca durchläuft eine blendende politische Karriere als Questor (Finanzbeamter), Senator, Ädil, Prätor, Konsul, Kaisererzieher bis zum Mitregenten des römischen Weltreiches.

Als Redner erlebt Seneca noch die Regierungsjahre des verbitterten Menschenfeindes Tiberius (Regierungszeit 14 n. Chr. bis 37).

Wie Sokrates macht Seneca mit der blutigen Diktatur Bekanntschaft, nicht nur einmal. In Rom herrscht ein Schreckensregiment der Denunziation und willkürlichen Hinrichtungen. Seneca: *Unter dem Kaiser Tiberius war die Versessenheit darauf, Leute in den Anklagezustand zu versetzen, häufig und fast allgemein, und das setzte den Bürgern, ohne dass sie die Waffen gegenei-*

nander erhoben, schwerer zu als aller Bürgerkrieg. Man fing die Aussagen von Betrunkenen auf und die unschuldigsten Scherze. Nichts war sicher; jede Gelegenheit zum Wüten kam gelegen. Und man war auf das Schicksal der Angeklagten nicht mehr begierig, da es nur e i n e s war. Der Tod!

Nachfolger von Tiberius wird Caligula. Alle atmen auf. Alle betrachten Caligula als Erlöser und Wohltäter. Doch die Illusion zerbricht spätestens in dem Augenblick, als Caligula seine Schwester Drusilla heiratet und sich und seine Schwester zu Göttern erhebt. Ein Geisteskranker mit fahlem Greisengesicht und lauerndem Blick sitzt auf dem römischen Thron. Weil etwa ein Glatzköpfiger seinen Zorn erregt, lässt Caligula kurzerhand alle Glatzköpfigen auf den Straßen Roms greifen und sie den Löwen im Zirkus vorwerfen. Einmal verwendet er die jährlichen Steuereinnahmen von drei Provinzen, für e i n kaiserliches Festmahl. Ein andermal ernennt er sein Leibpferd zum Konsul …

Seneca, der bekannteste Redner im Reich, ist dem redeversessenen eitlen Caligula ein Dorn im Auge. Dieser fertigt einen Befehl zur Hinrichtung Senecas aus. Er gibt Seneca jedoch überraschend wieder frei: Weil eine Palastmätresse die Bemerkung hinwirft: *Es hat keinen Sinn, einen Schwindsüchtigen umzubringen. Senecas Tage sind ohnehin gezählt.*

Seneca zieht sich daraufhin in die Sicherheit seiner Bibliothek zurück. Er vertraut den geliebten Papyrusrollen seine Gedanken an. Das erste erhaltene Werk Senecas ist eine klassische philosophische *Consolatio* also eine *Tröstung*. Die *Trostschrift an Marcia*. Das ist eine Römerin, die den Verlust ihres Sohnes nicht verwinden kann. Seneca findet hier Worte über die Härte des Lebens und den Trost des Todes, die zum Erschütterndsten der Trauer-Weltliteratur gehören:

Was ist der Mensch. Ein zerbrechliches Gefäß, das umhergestoßen wird; keines heftigen Sturmes bedarf es und du zerschellst. Wo du anstößest, da fällst du auseinander. Was ist der Mensch? Ein schwacher, zerbrechlicher Körper, nackt, von Natur wehrlos, fremder Hilfe bedürftig, jeder Misshandlung preisgegeben. Ganz in diesem Sinn hat einer der größten Autoren des letzten Jahrhunderts, George Simenon, in seinen „Psycho-Romanen" das Drama des *homme nu*, des *nackten Menschen*, beschrieben.

Seneca zieht in der *Trostschrift an Marcia* dem Tod den Stachel: *Bedenke, dass der Gestorbene von keinem Übel berührt wird; dass das, was uns die Unterwelt furchtbar macht, Erdichtung ist; dass den Toten keine Finsternis droht, kein Kerker, keine Feuerströme, kein Fluss der Vergessenheit, keine Richter und Ankläger und bei jener so schrankenlosen Freiheit nicht abermals Tyrannen. Das haben nur die Dichter gefabelt und uns durch leere Schreckbilder beunruhigt. Der Tod,* schlussfolgert Seneca, *ist die Befreiung und das Ende von allem Übel.*

Unter dem Eindruck von Caligulas maßloser Willkürherrschaft schreibt Seneca sein Werk *Über den Zorn* (*De ira*). *Was ist sorgloser als Seelenruhe*, argumentiert der politische Philosoph hier, *was anstrengender als Zorn? Es muss der Zorn beseitigt werden, gänzlich werde er entlassen, keinerlei Nutzen wird er bringen. Ohne ihn wird man leichter und richtiger Verbrecher beseitigen, Schlechte bestrafen und auf den Weg bringen zum Besseren.* Als Jurist vertritt Seneca den Gedanken der Resozialisierung und Rehabilitation, wie er fast zweitausend Jahre später im Naturrecht von Samuel von Pufendorf bis Anselm von Feuerbach aufgegriffen wird.

Auch Schiller vertritt diese humane Strafrechtsidee in seiner spannenden Kriminalnovelle *Der Verbrecher aus verlorener Ehre.*

Dann sieht es so aus, als könne Seneca politisch wieder aufatmen. Caligula wird von einem seiner Offiziere erstochen. An seine Stelle tritt Kaiser Claudius. Er hat Senecas Studie *Über den Zorn* gelesen. Er ist ein gebildeter Mann und Historiker. Verheiratet ist der Fünfzigjährige mit der sechzehnjährigen Messalina. Sie ist ein weltgeschichtliches Miststück. Seneca weiß zu viel von der Intrigantin. Also hängt ihm Messalina die Anklage ehebrecherischer Beziehung mit Kaiser Claudius Nichte Julia Livilla an. Zum zweiten Mal kommt Seneca um Haaresbreite an einem Todesurteil vorbei – Claudius verbannt ihn im Jahre 41 nach Korsika. Emigrantenschicksal – wie das Albert Einsteins, Sigmund Freuds, Thomas und Heinrich Manns unter der Diktatur Hitlers. Seneca scheint am Ende. Er hat kurz zuvor seine Frau und einen seiner Söhne verloren.

Korsika ist, im Gegensatz zu heute, ein trostloses Felseneiland. Acht Jahre muss Seneca im Exil aushalten. In seinen Epigrammen führt er bewegt Klage:

Fremdes korsisches Land, von jähen Felsen umschlossen,
Schauerlich, menschenleer starrt dein ödes Gebiet.
(…)
In dem unseligen Land wächst nicht ein Grashalm empor.
Nicht die Gaben des Brots und des Quells,
nicht die letzte des Feuers,
Zwei, die Verbannung nur und der Verbannte, sind hier!

Doch Seneca findet Stärkung im Philosophieren und Schreiben. Er verfasst die weltberühmten Schriften *Über die Standhaftigkeit des Weisen*, *Trostschrift für Helvia* und *Von der Kürze des Lebens*. Hier entstehen auch die seinerzeit viel gespielten neun Tragödien. Im Gewand griechischer Mythologie kritisiert der Dramatiker Seneca unerbittlich scharf die Despotie der römischen Kaiser. So heißt es in Senecas Stück *Trojerinnen*, einer Parabel auf die mordversessene römische Kaiserherrschaft:

Wer seiner Tyrannenmacht vertraut, im Königspalast
Hoch oben thront und die wandelbaren Götter nicht scheut –

Der blicke auf dein Geschick, o Troja!
Noch niemals
Sahen wir ein furchtbareres Beispiel, wie zerbrechlich
Die Macht der Übermächtigen ist! Hört
und seid gewarnt!
Die stolzen Mauern Ilions, da liegen sie in Brandschutt,
Die Dächer barsten, Flammen verkohlten den Königspalast.

Bis zum Jahr 48 muss Seneca auf Korsika ausharren. Dann ändert sich erneut die politische Lage in Rom. Messalina, die Gattin des Kaiser Claudius, hat es zu toll getrieben. Morde und Justizverbrechen gehen auf Messalinas Konto. Als die Kaisersgattin jedoch in offener Bigamie Silius, den *schönsten Jüngling von Rom*, hinter Claudius Rücken heiratet, wird sie von der politischen Klasse zu Fall gebracht: Im Jahr 48 lässt der Senat Messalina hinrichten.

Agrippina, Claudius zweite Nichte, dreißig Jahre alt, wird die fünfte Gattin des alternden Monarchen. Aus einer früheren Verbindung bringt sie den Knaben Nero, den späteren Kaiser, mit. Agrippina schätzt Seneca. Die dreißigjährige Agrippina stimmt Kaiser Claudius um: Der Verbannte wird nicht nur zurückbeordert, sondern zum Erzieher des elfjährigen Thronfolger Nero bestellt. Das ist eine politische Sensation!

Dahinter steckt ein weit reichendes politisches Kalkül. Noch ist die Nachfolgeschaft Neros nicht gesichert. Agrippina, eine Frau von Durchsetzungsvermögen, erreicht die Ablösung der beiden bisherigen Präfekten der Prätorianergarden. Wer die Prätorianergarden, die militärische Hausmacht in der Hauptstadt, hinter sich hat, besitzt die politische Gewalt. Agrippina erwirkt die Beförderung des Afranius Burrus zum Prätorianerpräfekten und des berühmten Redners Seneca zum Prinzenerzieher. Damit sichert sie sich die Dankbarkeit und das Bündnis der beiden wichtigen Männer für die Zukunft.

Wie einst der Philosoph Aristoteles gegenüber seinem Zögling, dem späteren Kaiser Alexander, versucht Seneca mit Lehrschriften moralisch auf den künftigen Kaiser einzuwirken. In schneller Folge publiziert er die Bücher *Von der Milde* (*De clementia*) und *Vom glückseligen Leben* (*De vita beata*). Kurz, genau und wundervoll anschaulich entfaltet Seneca die Grundprinzipien würdigen Lebens. *Mein Kaiser Nero*, heißt es da etwa, *ich habe mich entschlossen, über die Milde zu schreiben, um dir damit einen Spiegel vorzuhalten. Keinem unter allen Menschen ziemt die Milde mehr als einem Fürsten oder einem König ... Täglich muss der Mächtige beweisen, dass seine Sorge über das Wohl des Einzelnen wie auch über das Gedeihen des Ganzen wacht.*

Im Oktober 54 stirbt Kaiser Claudius nach einer Pilzmahlzeit. Die Fama macht Agrippina für die Vergiftung verantwortlich. Nero wird der Garde vorgestellt. Sie huldigt ihm spontan als Kaiser. Noch ist Nero zu jung zum Regieren. Das Unerhörte passiert – Platons alter Traum vom Philosophen im Regierungsamt (*Politeia*) erfüllt sich: Zusammen mit dem Prätorianerpräfekten Burrus regiert Seneca von 49 bis 54 nach Christus fünf Jahre lang das römische Weltreich. Es fährt gut dabei! Kaiser Trajan bezeichnet später dieses Halbjahrzehnt als die glücklichste Zeit der Monarchie. Auch als Nero 54 zum Kaiser ausgerufen wird, steht Seneca ihm als Berater und „Premierminister“ zur Seite.

Seneca wird zu dieser Zeit ein reicher, ein millionenschwerer Mann, nein, einer der reichsten Männer des Römischen Imperiums. Er erwirbt Landgüter in Italien, bei Nomentum und Alba, in Spanien, Ägypten und Britannien, mehrere Luxusvillen innerhalb und außerhalb Roms. Obwohl Seneca als Stoiker ein distanziertes Verhältnis zum Reichtum hat, vermehrt er es unablässig. Der Mann, der so negativ über Luxus und Erwerbsucht schreibt, legt Millionensummen in der Zinsoase Britannien an, einer Art Luxemburg der damaligen Wertpapierjongleure.

Der Multimillionär auf dem Philosophensessel ist wegen dieser offensichtlichen Diskrepanz zwischen seiner Lehre der *modestia in omni vita, der Bescheidenheit in der gesamten Lebensführung*, vielfach kritisiert worden. Tacitus zum Beispiel fragt: *Welcher Weisheit, welchen philosophischen Lehren hat es Seneca wohl zu verdanken, dass er im Verlauf von fünf Jahren königlicher Freundschaft dreihundert Millionen Sesterzen erwarb?* Friedrich Engels wird sogar richtig wütend: *Dieser Tugend und Enthaltsamkeit predigende Stoiker war erster Hofintrigant Neros, was ohne Kriecherei nicht abging, ließ sich von ihm*

Geld, Güter, Gärten, Paläste schenken. Während er den armen Lazarus des Evangeliums predigte, war er in Wirklichkeit der reiche Mann desselben Gleichnisses.

Verhält es sich so? Ist Seneca ein Heuchler, der öffentlich Wasser predigt und heimlich Wein trinkt? Ist seine Ethik lediglich, wie Engels unterstellt, bestrebt, die Schärfe des Klassenkampfes zu mildern? Wir werden der Sache – und es ist die Sache der Glaubwürdigkeit großer Philosophie – nachgehen müssen.

Doch Senecas Einfluss auf Nero schwindet. Von der *Milde*, die Seneca Nero anempfohlen hat, ist nichts mehr zu spüren. Im Jahr 59 lässt Nero seine Mutter Agrippina umbringen – um ihrem Einfluss zu entkommen. Mehrere Chronisten berichten übereinstimmend, dass sie sogar versuchte, ihren Sohn Nero ins Bett zu ziehen. Römische Zustände!

Römische Zustände sind es auch, dass im Rom des Jahres 61 vierhundert Sklaven auf einmal hingerichtet werden sollen, weil einer von ihnen seinen Herrn, den Stadtpräfekten von Rom, ermordet hat. Ein altes barbarisches Gesetz des unverhüllten Klassenkampfes wird exekutiert, um, wie der Jurist und Scharfmacher Cassius Longinus geifert, *dieses zusammengelaufene Gesindel zu bändigen.*

Seneca ist gegen diese mörderische Geiselnahme der Sklaven. Ist es nicht das Lidice und Oradour der Antike, dem niemand ein Mahnmal setzt? Vierhundert Sklaven werden in Sippenhaft ermordet. Im Gegensatz zur Auffassung Platons und Aristoteles und des frühen Christentums von Paulus über Augustinus bis Thomas von Aquin begreifen die Stoiker die Sklaverei als ungerechte gesellschaftliche Einrichtung und nicht als natürlichen Zustand. Der Humanist Seneca opponiert vergebens gegen den kollektiven Justizmord.

Der Mensch soll für den Menschen etwas Heiliges sein, urteilt Seneca in seinen Briefen an Lucilius. Und: *Die Natur hat uns als Verwandte erzeugt, da sie uns aus denselben Stoffen und zu denselben Zwecken gemacht hat.* Was heißt naturgemäß leben? fragt Seneca in seiner Schrift *Über die Wohltaten* (*De beneficiis*). Der Mensch ist zur Gemeinschaft veranlagt. In ihr ist der Sklave eingeschlossen: *Es sind Sklaven? Nein, Menschen. Es sind Sklaven? Nein, Genossen. Es sind Sklaven? Nein, Freunde niedrigeren Standes.*

Sklaven sind es? Aber unsere Mitsklaven, wenn du bedenkst, dass dem Schicksal gegen beide das Recht zusteht. Oder: *Wir alle haben den gleichen Anfang, den gleichen Ursprung; einer ist nicht vornehmer als der andere, es sei denn, er habe einen rechtschaffeneren Charakter und sei besser geeignet, Gutes zu tun.*

Seneca erwähnt an anderer Stelle eine Bestimmung, die vermutlich er selbst durchgesetzt hat. Die Sklaven erhielten das Recht, sich bei einer Amtsperson zu beschweren, *die die Grausamkeit und den Geiz bei der Zuteilung von Lebensbedürfnissen im Zaum halten soll.*

Der Hysteriker Nero wird, wie vor ihm schon Kaiser Claudius, neidisch auf Seneca, den Mann mit der großen Rednergabe, den Schriften voll durchsichtiger Klarheit und Eleganz, den Besitzer herrlicher Parks und Landhäuser. Nero ist kein Knabe mehr. Er will sich von seinem einstigen Vormund trennen und ganz seinem Dichterwahnsinn, seiner Wagenrennen-Manie und den sadistischen Gladiatorenkämpfen – verdeckten Massenhinrichtungen – frönen. Seneca begreift wieder einmal, dass er in Ungnade gefallen ist und zieht sich im Jahre 62 zurück.

Er tut dies, nicht ohne sich gegenüber dem obersten Dienstherrn zu rechtfertigen und Nero in der letzten Privataudienz ein Angebot zu machen: *Wo ist jener Sinn geblieben, der sich mit bescheidenen Verhältnissen begnügt?* fragt Seneca. *Ist er es noch, der solche Gärten anlegt, der durch diese Landhäuser und durch so weit sich erstreckenden Landbesitz wandelt, der in einem so weit fundierten Zinseinkommen schwelgt? Eine einzige Entschuldigung bietet sich an: Ich durfte seine Geschenke nicht ausschlagen.* Und weiter noch: *Befiehl, dass meine Vermögen durch deine Prokuratoren verwaltet, dass es deinem Besitztum zugeschlagen wird.*

Natürlich weigert sich Nero. Er tut dies mit den verlogenen Worten: *Du hast mich, wie es die jeweilige Lage jeweils erforderte, mit Einsicht, Rat und Belehrung zuerst als Knabe und dann als Jüngling gefördert. Die Dienste, die du mir geleistet hast, werde ich mein ganzes Leben lang nicht vergessen.*

In Wahrheit befindet sich Seneca in Ungnade und in Lebensgefahr. Er macht sich daran, sein Werk zu beenden. In den freundschaftlichen hundertvierundzwanzig *Briefen an Lucilius* gibt er eine berückend schöne Einführung in das stoische Denken. Seneca schreibt hier am Ende seines Lebens: *Ich soll nicht fragen, was der Anfang des Weltalls, wer der Bildner der Dinge sei, wer alles in eine einzige träge Masse Verschmolzene und Zusammengehäufte gesondert habe? Ich soll nicht fragen, wer der kunstreiche Werkmeister dieser Welt sei? … Ob ich diese Welt nur einmal erblicken oder öfters geboren werden soll? Wohin ich von hier gehen werde, welcher Aufenthaltsort meine Seele erwartet, wenn sie von den Gesetzen der menschlichen Knechtschaft entbunden ist?*

Dann, im Jahr 64, brennt Rom. Nero schiebt die Schuld auf die kleine Sekte der *Christianer.* Er lässt sie grausam martern. *Und mit den Todgeweihten trieb man noch seinen Spott,* berichtet Tacitus, *man hüllte sie in Tierhäute und ließ sie von Hunden zerfleischen, oder sie wurden, ans Kreuz geschlagen und für den Flammentod bestimmt, nach Tagesschluss als Beleuchtung für die Nacht verbrannt.*

Seneca weiß nichts über die *Christianer.* Und doch finden sich manchmal fast deckungsgleiche Bekenntnisse dieses Freigeistes mit den Jesuworten der Evangelien. So, wenn Seneca seine Religiosität gegenüber Lucilius mit den

Worten preisgibt: *Gott ist dir nahe, er ist mit dir, er ist in dir.* Seneca entwickelt in der Schrift *Über die Wohltaten* ein Brevier der Nächstenliebe. Es verwundert nicht, dass die Christen später Seneca als einen der ihren ansehen. Es kursierte sogar ein – gefälschter – Briefwechsel zwischen Seneca und dem Apostel Paulus. Doch darf man Seneca nicht über den christlichen Leisten schlagen. Er ist der Repräsentant einer souveränen und bewunderungswürdigen, im wesentlichen *diesseitigen* außerchristlichen Philosophie und Moral.

Nero rast. Der Brand Roms schafft Unruhen. Es kommt zur Pisonischen Verschwörung. Calpurnius Piso ist das Haupt des geplanten Staatsstreichs gegen den Tyrannen Nero. Piso ist ein Freund Senecas. Es geht das Gerücht, wie Tacitus festhält, dass Seneca zum Kaiser gemacht werden soll, weil das Volk den Putsch eher billige, *wenn ein wegen seiner Tugenden berühmter Mann auf den Thron gesetzt würde.* Es ist eine dramatische Verschwörung. Die Umstände erinnern in ihren überschlagenden Aktionen und Pannen an die letzten vierundzwanzig Stunden des misslungenen Anti-Hitler-Staatsstreiches vom 20. Juli 1944.

Der Putschversuch fliegt auf. Am Abend des gescheiterten Umsturzes hält sich Seneca, zusammen mit seiner zweiten Frau Pompeia Paulina und zwei Freunden, auf seinem Hauptlandsitz vier Meilen vor Rom auf. Dorthin kommt auf Kaiser Neros Befehl der Tribun der Prätorianerkohorte Gavius Silanus. Der hohe Militärbeamte lässt das Landhaus durch Abteilungen von Soldaten absperren.

Silanus, der selbst – was Nero nicht weiß – zu den Verschwörern gehört und jetzt umkippt, ist zu feige, Seneca das Todesurteil des Kaisers zu verkünden. An seiner Stelle befiehlt ein Centurio dem fast Siebzigjährigen, Hand an sich zu legen.

Seneca zeigt, wie Tacitus rühmt, *keinerlei Bestürzung, sondern verlangte bloß, ein Testament machen zu dürfen.* Wie würdig der große Stoiker den *Bruder Tod,* um mit Hermann Hesse zu reden, annimmt, werden wir am Ende erfahren.

Gegen den bleiernen Schlaf

Für Seneca ging es viel weniger um originale Erkenntnisse oder um ein eigenes System, als vielmehr um seinen eigenen, nie vollendeten Weg … Philosophie – das war ihm die ausschließliche Liebe zu und das unbedingte Streben nach Meisterung des Lebens … Seine „sophia" war die Lebens- und Sterbenskunst, nicht ein System. Er wollte zeigen und belehren, was Leben heißt, wollte die Menschen durch ethische Belehrung zum Bestehen des Lebenskampfes leiten. Er wollte nichts sein als Seelenleiter.

Gregor Maurauch
Seneca. Leben und Werk

PHILOSOPHIE
ACHTUNG!
EXPLOSIV!

Selbstbeobachtung, Selbstprüfung und Selbstverständigung sind die drei Sternzeichen in Senecas philosophischem Kosmos. In seinen Briefen an Lucilius beschreibt er: *Dir ist völlig klar – ich weiß es wohl, mein Lucilius –, dass niemand ohne das Studium der Philosophie glücklich leben kann, ja nicht einmal erträglich, und dass ein solch glückliches Leben erst durch vollkommene Weisheit zu erreichen ist, ein erträgliches jedoch auch schon auf dem Weg dorthin.*

Seneca setzt sich in einer kristallinklaren, überwiegend diesseitigen Weise mit den Nöten seiner Zeitgenossen auseinander, die für Irrationalismus und dubiose religiöse Heilsangebote anfällig sind. Lucilius gegenüber bekennt er: *Ich arbeite für die Nachwelt. Für sie schreibe ich einiges auf, was ihr zugute kommen kann; heilsame Ermahnungen, gleichsam die Rezepte nützlicher Medikamente, bringe ich zu Papier, da ich ihre Wirksamkeit gegen meine Geschwüre erfahren habe, die sich, wenn sie auch noch nicht ausgeheilt sind, doch nicht mehr weiter ausbreiten. Den rechten Weg, den ich erst spat und vom Umherirren erschöpft erkannt habe, weise ich jetzt anderen.*

Der sokratische Imperativ des *Erkenne dich*

selbst ist in fast jedem Brief, Essay, Epigramm und Betrachtung des Philosophen gegenwärtig. *Große Philosophie*, konstatiert Ernst Bloch einmal, *hat einen durchschlagenden Klang, ein Durchtönendes, das sich in einer kurzen Formel ausdrücken lässt.*

Was wäre die Grundformel bei Seneca? Vielleicht der Appell: *Werde ein besserer Mensch.* An Lucilius schreibt er: „*Die Gesundung beginnt mit dem Erkennen des Fehlverhaltens.*" *Ein meines Erachtens hervorragender Ausspruch Epikurs; denn wer von seinen Vergehen nichts weiß, will sich nicht bessern lassen; bevor du ein besserer Mensch werden kannst, musst du dich durchschauen ... Bezichtige dich daher nach Kräften selbst, verhöre dich; übernimm zuerst die Rolle des Anklägers, dann die des Richters, zuletzt die des Verteidigers; manchmal geh hart mit dir ins Gericht.*

Wer ist dieser Lucilius, dem der stoische Philosoph hundertzwanzig Briefe schreibt? Lucilius steigt in den Ritterstand auf und ist in den Jahren 63 bis 64 als Prokurator, also als kaiserlicher Verwaltungsbeamter, in Sizilien tätig. In ihm findet Seneca einen jungen Freund, den er liebt und väterlich belehrt. Das macht die köstliche Frische der in den Briefen entwickelten Gedanken aus. Da ist keine Langatmigkeit, sondern die lebendigen Erlebnisberichte, pointierten Formulierungen und psychologisch scharfsinnige Menschenkenntnis machen die Lektüre zu einem Vergnügen. Seneca zeigt sich offen für andere Philosophenschulen, besonders die Schule Epikurs. Er ist an keiner Stelle dogmatisch und weit entfernt von der zur Pose erstarrten Gefühlsabstinenz der alten stoischen Klassiker.

In immer neuen Anläufen beschwört Seneca die Strahlkraft der Philosophie, mit der der Mensch mitten in der Angst und Sorge des Daseins sein Glück und inneren Frieden zu behaupten vermag. Philosophie ist hier Lebenskunst, Wissenschaft vom rechten Leben – und Sterben. Seneca nennt den Philosophen einmal den *Pädagogen des Menschengeschlechts*. Selten hat Philosophie eine solch überragende Würdigung gefunden wie hier. *Wir sollen also aufwachen*, beschwört Seneca seinen jungen Freund, *um unsere Fehler aufdecken zu können. Doch nur die Philosophie wird uns aufwecken, nur sie wird den bleiernen Schlaf vertreiben: Widme dich ihr mit ganzer Seele. Du bist ihrer, sie ist deiner würdig … Verweigere dich allem anderen, entschieden und offen; du hast keinen Grund, nur für eine begrenzte Zeit zu philosophieren.*

Hier ist der sokratische Gedanken von dem Wissen des Guten, das allen Menschen ursprünglich innewohnt, enthalten: *Beseitige alle Hindernisse und nimm dir für deine Vervollkommnung Zeit: Niemand ist ihrer fähig, wenn er mit anderem beschäftigt ist. Die Philosophie macht ihr Herrschaftsrecht geltend; sie gibt Zeit, sie lässt sie sich nicht geben; sie ist keine Nebensache: Hauptsache ist sie und Herrin, sie ist zur Stelle und befiehlt … All dein Sinnen richte auf sie, bei ihr lass dich nieder, verehre sie: Ein riesiger Abstand wird sich zwischen dir und anderen auftun; allen Sterblichen wirst du weit überlegen sein, die Götter dir nur wenig.*

Ich habe in meinem Buch *Sokrates. Tod, wo ist dein Stachel?* den athenischen Philosophen als einen Revolutionär des Denkens geortet und zu zeigen versucht, wie Sokrates die Begriffe des Menschlichen nicht aus der abstrakten Systematik in der Philosophie, sondern aus der lebendigen Betrachtung und im streitbaren Dialog gewinnt. Jeder Mensch, ausnahmslos jeder Mensch, ist nach Sokrates denkbegabt. Jeder trägt den göttlichen Funken der *sophia*, der Weisheit in sich. Das ist das radikal-demokratische Element in Sokrates Philosophie. Er egalisiert das Denken, ohne dabei dessen unerbittlichen Anspruch aufzugeben. Just das gilt auch für Seneca.

In dem Jahrhundert um Jesus von Nazareth, der uns keine einzige schriftliche Zeile hinterlassen hat, besinnen sich die Gebildeten im römischen Weltreich erneut und mit existenzieller Wucht auf die Subjektivität ihres Daseins. Seneca ist einer ihrer hellsichtigsten Repräsentanten. Jeden Abend, so verrät er in seinem Essay, *De ira*, *Vom Zorn*, legt er vor dem Richterstuhl seines Ich Rechenschaft über sein Tun ab: *Was kann es Schöneres geben, als die Gewohnheit, den ganzen Tag zur Prüfung an sich vorüberziehen zu lassen? Und was für ein Schlaf folgt auf diese Selbstschau, wie ruhig, tief und frei. Wenn das Licht entfernt und meine Gattin, bekannt mit meiner Gewohnheit, verstummt ist, überschaue ich meinen ganzen Tag und wäge meine Handlungen und Äußerungen ab; nichts bleibt mir verborgen, nichts übergehe ich.*

Modern gesprochen, trägt Seneca dabei gewisse Züge des Vernunftphilosophen Kant. Denn Seneca gründet seine Philosophie vom wahrhaftigen Leben unerschütterlich auf den guten und richtigen Gebrauch der *Vernunft*. Er betont die Unabhängigkeit des weisen Menschen von allen äußeren Umständen, selbst der Armut oder der politischen Verfolgung. Das ist stoische Philosophie pur. Vielleicht kann man aber auch umgekehrt sagen, der Immanuel Kant der *Kritik der praktischen Vernunft* versteckt tief in seinem Königsberger Herzen den Stoiker.

Bei allem Zitieren der Götter und der göttlichen Allnatur betreten wir bei Seneca doch eine metaphysisch kühle Welt. Es möchte manchmal scheinen, als betreibe der Philosoph, höchst modern, das Anliegen einer denkerischen Selbstbehauptung im Angesicht des Nichts. Bei Seneca, der Verbannung, öffentlichen Glanz, unermesslichen Reichtum und die neroische Grausamkeit tödlich am eigenen Leib erlebte, ist, gerade in seinen Briefen an Lucilius, bei aller Weltläufigkeit eine subtile Haltung der inneren Emigration und Kälte spürbar.

Der Mensch ist dem Menschen ein Wolf, warnt Seneca seinen Freund Lucilius: *Seltenere, wenn auch schwere Zufälle sind es, Schiffbruch zu leiden, mit dem Wagen umzustürzen. Von dem Menschen aber droht dem Menschen tägliche Gefahr. Gegen diese rüste dich, diese beobachte mit gespannten Blicken: Kein Übel ist häufiger, keines hartnäckiger, keines schmeichlerischer. Ein Unwetter droht, ehe es heraufzieht; die Häuser krachen, ehe sie zusammenstürzen; der Rauch verkündet einen Brand voraus; aber plötzlich kommt das vom Menschen ausgehende Verderben und verbirgt sich um so sorgfältiger, je näher es herantritt. Du irrst, wenn du den Gesichtern derer traust, die dir begegnen. Sie haben die Gestalt von Menschen, aber die Seele von wilden Tieren … sie werden durch Hunger und Furcht zum Kampfe genötigt; nur dem Menschen macht es Freude, den Menschen zu verderben.*

Die Philosophie ist für Seneca eine göttliche Wissenschaft. Wie in der Moderne die Psychotherapie hilft sie dem Menschen, die Wahrheit aus sich heraus zu entbinden. Seneca an Lucilius: *Du willst wissen, was die Philosophie den Menschen verspricht? Guten Rat. Den einen ruft der Tod, einen anderen plagt die Armut, wieder einen anderen quält der Reichtum, eigener oder fremder; jener fürchtet sich vor Unglück, dieser will seinem Glück ausweichen;*

diesen behandeln die Menschen schlecht, jenen die Götter.

Das Leben ist schön und grausam zugleich und wir Menschen so hilflos. Wir lernen meist nur unter Schmerzen und unter Leidensdruck. Dagegen zeigt nach Seneca die Philosophie, was von Natur aus notwendig und was überflüssig ist, welchen Gesetzen wir folgen müssen, und dass die „öffentliche Meinung" das Individuum von seiner eigenen Wahrheit abzubringen droht. Durch die philosophische Reflexion werde ich Wissender und ein Schöpfer meines Selbst: *Denn das ist es, was mir die Philosophie verspricht: Sie will mich der Gottheit gleichstellen.*

Das ist nicht als eine Blasphemie, als eine Gotteslästerung, misszuverstehen. Philosophie ist bei Seneca die *conditio humana*, die Bedingung der menschlichen Existenz schlechthin. Philosophie hat auch nichts zu tun mit sophistischer Rabulisterei, Wortverdrehung und leerer Dialektik: *Die Philosophie ist keine Kunstfertigkeit, die man dem Volk präsentiert oder die sich überhaupt zum Vorzeigen eignet; sie beruht nicht auf Worten, sondern auf Taten.* Seneca lehnt rhetorische Taschenspielertricks ebenso ab wie die Handlungs- und Verantwortungslosigkeit der Philosophie.

Das Kernstück der stoischen Philosophie ist die Ethik. Jedem Individuum ist seine *eudaimonia*, seine *Glückseligkeit*, verheißen. Dabei kommt es nicht auf äußere Güter, auf Reichtum und Macht an, sondern auf die Bereitschaft, bei allem Tun den sittlichen Anforderungen zu genügen. Philosophie ist Tun. Dabei enthält sich die stoische Lebenskunst des spekulativen Ausgreifens in die Transzendenz, in ein wie immer geschaffenes Jenseits. Das heißt nicht, dass sie auf eine Kosmologie und ein in letzter Instanz göttliches Weltbild verzichtet, aber in ihren Handlungsimperativen ist sie diesseitig, monistisch, d.h. eher einem materialistischen Weltbild verpflichtet. Die Vernunft, der *logos*, und die Natur, die *physis*, beherrschen das Weltganze, ebenso wie jedes menschliche Individuum.

Der Mensch hat die Pflicht, den Geboten des Vernunftprinzips zu folgen und in Harmonie mit der Natur zu leben. Das Hier und Jetzt, in das ich gestellt bin, ist das mir aufgegebene Handlungsfeld. *Philosophie*, konstatiert Seneca, *lehrt Handeln, nicht Reden; sie fordert, dass jeder nach seinen Vorsätzen lebe, damit nicht das Leben der Rede widerspreche ... Das ist sowohl die größte Aufgabe als das größte Kennzeichen der Weisheit, dass die Handlungen mit den Worten in Einklang stehen und der Mensch sich überall gleich und derselbe sei. Wer wird das leisten? Wenige, aber doch einige.*

Das scheint mir das Großartige an Seneca (wie auch an Sokrates): Er macht uns Mut zur Philosophie. Meist haben wir Angst davor. Sie zählt zum Fachwissen von Universitätsgelehrten. Sie ist unverständlich. Wir holen uns in den blutigen Dornen ihrer abstrakten Begrifflichkeiten nur Verletzungen des Selbstwertgefühls. Wir fühlen uns nach der Lektüre unverständlicher akademischer Texte wie Dummköpfe. Wir fühlen uns wie geistige Proletarier auf dem spekulativen Parkett der philosophischen Aristokratie.

Seneca, in diesem Punkt ein waschechter Demokrat, hält dem entgegen: *Die Philosophie weist niemanden zurück, wählt niemanden aus; sie leuchtet allen. Sokrates war kein Patrizier; Kleanthes schleppte Wasser und verdingte seine Arme zum Bewässern eines Gartens; den Platon empfing nicht die Philosophie als einen Adeligen; sie machte ihn dazu.* Und: *Nicht ein mit verräucherten Ahnenbildern gefüllter Vorsaal macht zum Adeligen; niemand hat für unseren Ruhm gelebt, und was vor uns war, ist nicht unser Eigentum. Die Gesinnung adelt den, dem es vergönnt ist, sich aus jedem Stande über ein Glück zu erheben.*

Wenn es einen Gott oder Götter gibt, gibt es dann nicht auch eine Theologie als Wissenschaft von Gott? Ist dann nicht die Philosophie zwangsläufig die *ancilla theologiae*, die *Magd der Theologie*? Seneca nimmt diesen Einwand, mit dem das selbstständige Denken über fast zwei Jahrtausende geknechtet wurde, voraus. Seneca: *Es wird jetzt jemand sagen: „Was nützt mir die Philosophie, wenn es ein unentrinnbares Schicksal gibt? Was nützt sie, wenn die Gottheit alles lenkt? Was nützt sie, wenn der Zufall herrscht? Denn was mit Sicherheit festliegt, lässt sich nicht ändern, und gegen Unvorhersehbares lassen sich keine Vorbereitungen treffen. Entweder hat Gott meine Entscheidung vorbestimmt und entschlossen, was ich zu tun habe, oder das launische Schicksal gibt meiner Entscheidung keinen Freiraum.“* Seneca erwidert mit Entschiedenheit: *Was von dem auch zutrifft, mein Lucilius, oder träfe auch alles zu: Man muss philosophieren.*

Sei es, dass uns das Schicksal durch sein unerbittliches Gesetz bindet, sei es, dass der Gott als Richter über das Universum alles festgelegt hat, sei es, dass der Zufall die menschlichen Geschicke planlos antreibt und durcheinander wirft: Die Philosophie muss uns schützen.

Selten hat man so grandiose Worte über die schöpferische Vernunft und die philosophische Selbstbehauptung der bedürftigen Kreatur Mensch gelesen als bei Seneca. Fast hymnisch spricht er zu Lucilius über die Chancen einer philosophischen Existenz: *Die Philosophie muss uns umgeben, eine uneinnehmbare Mauer, die das Schicksal mit all seiner List und Tücke nicht überwinden kann. Auf uneinnehmbarem Posten steht die Seele, welche sich von den äußeren Dingen losgesagt hat und sich in ihrer Burg verschanzt; kein Geschoss trifft sie.*

Seneca lehnt jede fatalistische Schicksalsgläubigkeit und resignative Ergebung als Gedankenfaulheit ab: *Das Schicksal hat, anders als wir meinen, keine langen Arme. Es packt nur den, der sich an es klammert. Lasst uns daher so weit von ihm zurückspringen wie wir können; das wird uns nur gelingen, wenn wir uns selbst und die Natur richtig kennen. Wissen muss man, wohin es geht, woher man kommt, was für einen gut ist, was schlecht, was man erstrebt, was man vermeiden soll; Bescheid wissen muss man über jene Vernunft, die zwischen dem, was man wünschen soll, und dem, worauf man verzichten muss, unterscheidet, die rasende Leidenschaft besänftigt und panische Ängste beruhigt.*

Die philosophische Maxime *Erkenne dich selbst* erweist sich so auch als der Vorläufer zur Grundsatzformel aller Psychotherapie *Werde, der du bist.* Der Charakter des Patienten ist die Summe seiner Abwehrmechanismen, Irrationalitäten und Widerstände, seiner Schwäche und seiner Stärken. An diese Stelle der seelischen und philosophischen Reflexion und neuer Lebensschritte muss er die Arbeit am Charakter, die Umgestaltung seiner Persönlichkeit leisten, wenn er nicht länger in seinen neurotischen Verhaltensstörungen verharren will. Denn, so Heraklit, *Der Charakter des Menschen ist sein Schicksal.*

Unphilosophisch zu leben, sich der Komplexität des eigenen Seelenlebens nicht zu versichern, bedeutet ein verkümmertes Menschsein, ein unbegriffenes Leben. Das Abenteuer des Denkens ist uns aufgegeben. Es zieht auf die Ganzheit unseres Seins. Es ist nicht die Ganzheit selbst, sondern das Instrument, der Weg dazu. Seneca formuliert dies mit unvergleichlicher Präzision gegenüber Lucilius: *Daher will ich dir, wenn du einverstanden bist, zunächst den Unterschied zwischen der Weisheit und der Philosophie beschreiben. Weisheit ist das vollkommene Gut des menschlichen Geistes; Philosophie ist die Liebe zur Weisheit und das Bemühen um sie; sie strebt nach dem Ziel, das diese schon erreicht hat.* Und die Tugend? Seneca: *Freilich ist weder die Philosophie ohne Tugend möglich, noch die Tugend ohne die Philosophie. Philosophie ist das Streben nach Tugend, aber eben mit Hilfe der Tugend.*

Wo Es ist, soll Ich werden, forderte Sigmund Freud. Wo die wilden Komplexe des Unbewussten mich wie die anarchischen Winde auf dem Ozean meiner Lebensfahrt vor sich hertreiben, soll das begriffene Ich, meine durchgearbeitete innere Existenz, das Steuerruder übernehmen. Das ist ein langer, vernunfthafter und gefühlshafter Prozess von explosiver Dramatik. Seneca: *Wir brauchen nur zu wollen, dann kann es hell werden. Nur auf eine einzige Weise ist dies möglich: Wenn man sich*

Kenntnis der menschlichen und göttlichen Dinge erwirbt, dies Wissen nicht an der Oberfläche bleibt, sondern den Menschen ganz durchdringt, wenn es immer wieder überprüft und auf die eigene Person bezogen wird.

Dabei stößt der philosophierende Mensch naturgemäß auch an die Grenze der Transzendenz, ohne sie allerdings überschreiten zu können. Karl Jaspers, dessen Existenzphilosophie um die Faszination und Unerkennbarkeit der Transzendenz kreist, hätte es nicht besser formulieren können. Seneca an Lucilius: *Doch der Scharfsinn des menschlichen Geistes macht dabei nicht Halt. Er möchte auch über die Grenzen der Welt hinausblicken und erfahren, wohin sie treibt, woher sie kommt, auf welches Ende die Dinge mit so großer Geschwindigkeit zueilen.*

Gott, Natur, Schicksal

Si fractus inlabatur orbis, in pavidum ferient ruinae.
Wenn der Weltkreis krachend zusammenstürzt, werden die Trümmer einen unerschrockenen Mann treffen.

Horaz

Der Unerschrockene ist der Weise, der seinen Halt in sich hat. Ihn vermag auch der unerforschliche Ratschluss der Götter in seinem Wesenskern nicht zu beschädigen, meint der Dichter Horaz mit seinem stoischen Spruch. Das darf man in der stoischen Philosophie nie vergessen. Was immer auch die Denker der Stoa über das Wesen Gottes und seine Schicksalsbestimmungen des Menschen aussagen, sie betonen klar die Fähigkeit des Individuums, sein Schicksal mutig anzunehmen und dem Leben einen eigenen Sinn zu verleihen.

ZEUS WILL MICH AB-HÄRTEN
TM

Wir begegnen bei Seneca einerseits einem göttlichen Weltbaumeister von universaler Geltung und determinierender Schicksalskraft gegenüber dem Menschen, andererseits *logifiziert* er zugleich diesen Gott. Seneca macht Gott, wie später der Philosoph Immanuel Kant (1724–1804), zu einem logischen Prinzip, zu einer Art Vernunftgott und zur Vernünftigkeit schlechthin. Es ist ungemein spannend, Senecas spirituellen Gedankengängen zu folgen, ohne dass man sie teilen muss. Gegenüber Lucilius meint er: *Das Universum nun besteht aus der Materie und der Gottheit. Der Gott regiert das um ihn ausgebreitete All, das ihm als Herrscher und Führer folgt. Das wirkende Prinzip, also Gott, ist mächtiger und wertvoller als die Materie, die sich Gott fügt. Die Stelle, die in dieser Welt Gott einnimmt, hat im Menschen der Geist inne. Was dort die Materie ist, ist bei uns der Körper. Das Minderwertigere soll folglich dem Höheren dienen.*

Seneca verbindet seine kosmische Philosophie mit einer *Weltfrömmigkeit*, die an unser Herz rührt. Er erläutert Lucilius seine Faszination mit den Worten: *Kein Lebewesen gleicht dem anderen. Betrachte nur all ihre Körper: Jeder hat seine Farbe, besondere Gestalt und Größe. Zu den bewundernswerten kreativen Leistungen des göttlichen Weltenbaumeisters gehört in meinen Augen auch gerade die, dass er bei einer solchen Fülle seiner Schöpfungen niemals dieselbe Idee wiederholt hat.*

Wie meint Seneca das? Er argumentiert: *Auch das, was ähnlich scheint, ist bei einem genauen Vergleich unterschiedlich. So viele Arten von Blättern hat Gott geschaffen, doch gibt es keines, das sich nicht durch seine spezifische Eigenart auszeichnete; so viele Lebewesen: Keines stimmt in der Größe mit einem anderen überein, jedenfalls lässt sich immer ein Unterschied erkennen. Gott stellte an sich den Anspruch, dass Andersgeartetes keine Ähnlichkeit und keine Gleichheit aufweisen solle.*

Senecas Gottesvorstellungen halten sich in einer eigentümlichen Schwebe. Bald spricht er von dem einen Gott als dem *göttlichen Weltenbaumeister*, bald spricht er von den Göttern. Diesen spricht er Unsterblichkeit zu. Gegenüber dem Menschen neigt er gelegentlich zur Auffassung seiner definitiven Endlichkeit, lässt aber dann plötzlich wieder den Gedanken an ein Weiterleben nach dem Tode durchscheinen. Manche Äußerungen Senecas über das Schicksal des Menschen sind von einem strikten Fatalismus bestimmt, einem gesetzmäßigen Zwang, dem auch, wie er meint, die Götter unterliegen.

In seinem Traktat *De providentia*, *Über die Vorsehung*, konstatiert der Philosoph: *Ich weiß, dass alles nach einem bestimmten, für die Ewigkeit beschlossenen Gesetz abläuft. Das Fatum führt uns, und die erste Stunde unserer Geburt hat darüber entschieden, wieviel Zeit einem jeden bleibt ... Daher muss alles tapfer ertragen werden, weil nichts, wie wir glauben, zufällig eintritt, sondern mit Bestimmtheit kommt. Längst im Voraus wurde festgelegt, worüber du dich freust, worüber du weinst ... was es auch sein mag, was uns befahl, gerade so zu leben, gerade so zu sterben, es bindet auch die Götter mit derselben Notwendigkeit; in unabänderlichen Bahnen verläuft Menschliches wie Göttliches. Jener Schöpfer und Lenker aller Dinge hat zwar selbst das Fatum festgeschrieben, aber er folgt ihm.*

Auf den Charakter hat jedoch das Schicksal nach Seneca keinen Einfluss. Den muss der Mensch selbst formen und in der Härte des Lebens schärfen. Die grundsätzliche Lage der

Dinge können wir nicht ändern. Es steht aber in unserer Hand, hohe Gesinnung zu beweisen und unerschütterlich zu bleiben. Das Göttliche teilt sich nach Seneca ursprünglich *gefühlshaft* mit als ein nicht weiter beschreibbares Faszinosum. Seneca bekennt gegenüber Lucilius seine eigenen Gottesempfindungen: *Kommst du in einen Hain, bestanden mit alten, ungewöhnlich hohen Bäumen, wird der Anblick des Himmels durch die Dichte der sich überdeckenden Zweige verstellt, dann wird der hohe Wuchs des Waldes, das Geheimnisvolle des Ortes und das Staunen über das undurchdringliche, ununterbrochene Schattendach unter freiem Himmel in dir den Glauben an eine göttliche Macht wachrufen. Wölbt sich ein Berg über einer Grotte, die sich tief in die Felsen gefressen hat, kein Werk von Menschenhand, sondern eine Höhlung, die ihre riesigen Ausmaße natürlichen Ursachen verdankt, dann wird eine religiöse Ahnung deine Seele durchschauern. Wir verehren die Quellen großer Flüsse; das unerwartete Hervorbrechen eines weiten Stroms aus verborgener Tiefe lässt uns Altäre weihen.*

Seneca identifiziert an manchen Stellen, wie später der pantheistische Philosoph Spinoza

(1632–1677), Gott mit der Natur: *Willst du ihn als Natur bezeichnen, wirst du keinen Fehler machen: Er ist es, dem alles entstammt, durch dessen Atemgeist wir leben. Willst du ihn das All nennen, dürftest du dich gleichfalls nicht täuschen: Er selbst ist nämlich das Ganze, das du siehst, der seinen Teilen innewohnt und sich und all seine Schöpfungen erhält (Naturalis quaestiones, Naturwissenschaftliche Themen).* Dann heißt es wieder, an der gleichen Stelle: *Gott aber ist nichts als Geist. Er ist ganz Vernunft.*

Seneca lässt hier eine subjektive, gefühlshafte Religiosität der universellen Ergriffenheit anklingen, wie sie im 19. Jahrhundert Friedrich Daniel Ernst Schleiermacher (1768 bis 1834) in seiner berühmt gewordenen Schrift *Über die Religion. Reden an die Gebildeten unter ihren Verächtern* (1799) formuliert hat. Dort schrieb der Theologe und Philosoph: *Religion haben, heißt das Universum anschauen, und auf der Art, wie Ihr es anschauet, auf dem Prinzip, welches ihr in seinen Handlungen findet, beruht der Wert Eurer Religion. … Welche von diesen Anschauungen des Universums ein Mensch sich zueignet, das hängt ab von seinem Sinn fürs Universum, das ist der eigentliche Maß-*

stab seiner Religiosität ... Ihr, hoffe ich, werdet es für keine Lästerung halten, dass Glaube an Gott abhängt von der Richtung der Fantasie. Ihr werdet wissen, dass Fantasie das Höchste und Ursprünglichste ist im Menschen, und außer ihr alles nur Reflexion über sie ... Der handelnde Gott der Religion kann aber unsere Glückseligkeit nicht verbürgen; denn ein freies Wesen kann nicht anders wirken wollen auf ein freies Wesen, als nur, dass es sich ihm zu erkennen gäbe, einerlei ob durch Schmerz oder Lust. Auch kann er uns zur Sittlichkeit nicht reizen, denn er wird nicht anders betrachtet als handelnd, und auf unsere Sittlichkeit kann nicht gehandelt und kein Handeln auf sie kann gedacht werden.

Schleiermacher schließt mit den Worten: *Wenn es nun aber immer Christen geben wird, soll deswegen das Christentum auch in seiner allgemeinen Verbreitung unendlich und als die einzige Gestalt der Religion in der Menschheit allein herrschend sein? Es verschmäht diesen Despotismus ... Auf alle Weise werde das Universum angeschaut und angebetet. Unzählige Gestalten der Religion sind möglich.*

Gott bedeutet für Seneca in erster Linie die Göttlichkeit des Menschen. Das liest sich so gefällig, aber es ist zum Zeitpunkt der diktatorischen Sklavenhaltergesellschaft geschrieben, ein revolutionäres Novum. Denn es gilt, nach Seneca, ungeteilt für alle; auch der Sklave ist ein freigewolltes, göttliches Geschöpf. Seneca an Lucilius: *Ein Gott, der in einem menschlichen Körper wohnt – gäbe es eine andere Bezeichnung für die Seele? Dieser göttliche Funke kann sich ebenso in einen römischen Ritter wie in einen Freigelassenen oder einen Sklaven herabsenken, denn was ist schon ein römischer Ritter, ein Freigelassener oder ein Sklave? Ein Aufsprung zum Himmel ist auch aus einem dunklen Winkel möglich.*

Auf die Frage nach der Theodizee, also der Rechtfertigung Gottes gegen den Vorwurf, dass er auch für das Böse in der Welt verantwortlich sei, letztlich einer unbeantwortbaren Frage (die wir in der Kontroverse Voltaires mit Leibniz wiederfinden), findet Seneca eine typisch stoische Antwort: *Du hast mich gefragt, mein Lucilius, wie es möglich ist, dass guten Menschen so viel Schlimmes widerfährt, wenn doch eine Vorsehung die Welt regiert … Gott verwöhnt den guten Menschen nicht, er prüft ihn, härtet ihn ab und macht ihn seiner würdig.*

In der, an Lucilius gerichteten Schrift *Über*

die Vorsehung findet Seneca immer neue Bilder für diese göttliche „Härteprüfung". So wie der Arzt manchen Patienten um der Heilung willen Knochen amputiere und Venen herausoperiere, die ohne Schaden für den ganzen Körper nicht bleiben dürften, so heile Gott auch den Menschen durch schmerzhafte Maßnahmen. Kein Mensch sei stärker zu bedauern als derjenige, dem noch nie ein Unglück begegnet sei. Er habe damit die Gelegenheit verpasst, sich auf die Probe zu stellen, Erfahrungen zu sammeln und sich zu stärken.

Die *Schrecken der Sterblichen* zu bewältigen, sei Eigenart des großen Menschen. Er habe Anlass, für Schicksalsschläge durchaus dankbar zu sein: *Warum sucht der Gott gerade die Besten mit Krankheit, Trauer oder anderer Mühsal heim? Weil auch im Feldlager gefahrvolle Aufgaben den Tapfersten befohlen werden: Der Kommandeur schickt sorgfältig ausgesuchte Mannschaft, dass sie aus nächtlichem Hinterhalt die Feinde angreife, den Weg erkunde oder eine Besatzung aus ihrem Stützpunkt werfe. Keiner von denen, die aufbrechen, sagt: „Einen schlechten Gefallen hat mir der General getan", sondern: „Gut hat er geurteilt".*

Das Leben ist eine Prüfung, lässt uns Seneca erkennen. Wen Fensterscheiben stets vor Zugluft geschützt haben, wessen Füße in Wärmekissen warmgehalten wurden, *wessen Speiseräume in Fußboden und Wänden eingebaute Heizung erwärmt hat, den streift ein leichter Lufthauch nicht ohne Gefahr* (Seneca). Wird nicht ein Baum dadurch stark, dass er sich gegen den Wind stemmt, fragt er. Müssen sich Menschen nicht dem Schicksal darbieten, um sich gegen seine Unerbittlichkeit abzuhärten? Haben nicht Bauern und Seeleute ihren Körper im Unbill der Witterung gekräftigt?

Seneca hält sogar das nationale Schicksal für eine Gottesprüfung wohlwollender Art: *Mustere alle Völker, bei denen Roms Friede aufhört, die Germanen meine ich … Ständiger Winter, trüber Winter lastet auf ihnen, widerwillig ernährt sie unfruchtbarer Boden; gegen Regen schützen sie sich mit Stroh und Laub, über gefrorene Sümpfe eilen sie dahin, zur Nahrung fangen sie Wild. Unglücklich kommen sie dir vor? Nichts ist unglücklich, was die Gewohnheit zur Natur gemacht hat; mit der Zeit nämlich wird ihnen ein Vergnügen, was sie unter Zwang begonnen haben.*

Das Schicksal ist der Schmelztigel, aus dem

sich unsere Persönlichkeit formt. Seneca sagt an gleicher Stelle etwas psychologisch Kostbares, was wir auf unserem gelegentlich modischen Trip zur Selbstverwirklichung gerne unterschlagen, nämlich die Qual der Individuation. Über diese Leiden der Ich-Werdung urteilt der Psychoanalytiker C. G. Jung kompromisslos: *Niemand wird bewusst ohne Leiden* (*Traumanalyse*).

Seneca sagt das in der ihm eigenen unübertroffenen Anschaulichkeit: *Zu einem guten Menschen kann ich sagen, wenn ihm keine schwierige Situation Gelegenheit bot, seine Charakterstärke zu zeigen: „Ich halte dich für unglücklich, weil du niemals unglücklich warst. Du bist, ohne auf einen Gegner zu treffen, durchs Leben gegangen. Niemand kann beurteilen, wozu du imstande bist, nicht einmal du selbst." Denn um sich kennen zu lernen, bedarf es der Probe. Was man kann, erfährt man nur durch eine Prüfung.*

Die Götter wenden nach dieser stoischen Philosophie den guten Menschen gegenüber dasselbe Prinzip an wie die Lehrer bei ihren Schülern. Sie verlangen höhere Anstrengung von denen, auf die sie größere Hoffnung setzen. Sie sind, so gesehen, ein Geschenk. Ich erhalte die Chance, zu überprüfen, wie viel Herausforderung meine menschliche Natur verkraften und schöpferisch lösen kann.

Seneca entwickelt hier souveräne Gedanken über eine aufgeklärte Praxis religiöser Weltanschauung. Sie lässt sich in vielem mit dem vergleichen, was der Aufklärer Immanuel Kant in seiner provozierenden Schrift *Die Religion innerhalb der Grenzen der bloßen Vernunft* (1793) konstatierte: *Das Pfaffentum ist also die Verfassung einer Kirche, sofern in ihr ein Fetischdienst regiert, welches allemal da anzutreffen ist, wo nicht Prinzipien der Sittlichkeit, sondern statutarische Gebote, Glaubensregeln und Observanzen* (sterile Bräuche – M. J.) *die Grundlage und das Wesentliche desselben ausmachen ... Wo Statute des Glaubens zum ... Gesetz gezählt werden, da herrscht ein Klerus, der der Vernunft ... gar wohl entbehren zu können glaubt, weil er als einzig autorisierter Bewahrer und Ausleger des Willens des unsichtbaren Gesetzgebers die Glaubensvorschrift ausschließlich zu verwalten die Autorität hat, und also, mit dieser Gewalt versehen, nicht überzeugen, sondern nur befehlen darf.*

Scharf wandte sich Kant gegen Ablässe, Beichte, Litaneien, Amulette, fragwürdige

Segnungen, kurz gegen den, wie er formulierte, *Afterdienst der Religion.*

Seneca schreibt in der Form konzilianter, aber in der Sache unmissverständlich im gleichen Sinn: *Über die Ehrung der Götter erlässt man gewöhnlich Vorschriften. Lasst uns lieber gegen das Anzünden der Sabbat-Lampen vorgehen! Denn die Götter bedürfen des Lichtes nicht, und Menschen haben keine Freude am Ruß. Lasst uns den Morgenbesuch bei den Göttern und das Sitzen bei den Tempeltüren untersagen! Durch solche Dienste wird nur menschlicher Ehrgeiz befriedigt. Gott ehrt, wer ihn kennt. Lasst uns verbieten, Jupiter Leinwand und Striegel zu bringen und der Juno den Spiegel zu halten! Gott sucht nicht nach Dienern. Warum nicht? Er selbst dient ja der Menschheit überall und für alle ist er da.* Und, wiederum an Lucilius: *Was bedarf es der Gebete? Mache dich selbst glücklich. Das wird dir gelingen, wenn du erkannt hast, dass alle wahren Werte eng mit der sittlichen Vollkommenheit zusammenhängen und dass schimpflich ist, was mit einer schlechten Denk- und Handlungsweise verbunden ist.*

Das Leben ist für Seneca weder ein reines Gut, noch ein bloßes Übel, es ist *ein Tummelplatz für beides.* Was ist Gott? Was ist die Natur? Was ist Schicksal? In immer neuen Anläufen beschwört Seneca das Unbeschreibliche. Auch die Apokalypse, der Untergang der Welt, den Christen aus dem Johannes-Evangelium kennen, prognostiziert der „heidnische" Denker mit erschütternden Worten:

Nicht nur mit Menschen ..., sondern auch mit Örtlichkeiten, Landstrichen und Erdteilen wird das Schicksal sein Spiel treiben. Ganze Gebirge wird es versinken und andernorts neue Felsmassen emporsteigen lassen; Meere wird es verschlingen, Flüssen eine andere Richtung geben, den Kontakt zwischen den Völkern abbrechen und die Gemeinschaft und den Zusammenhalt der Menschheit auflösen; anderswo wird es Städte in riesige Abgründe stürzen, durch Beben erschüttern, aus der Tiefe der Erde verpestete Dämpfe aufsteigen lassen, alle bewohnten Städte mit Überschwemmungen überfluten, alles Lebendige durch den Untergang der Welt töten und mit ungeheuren Feuerbränden alles Sterbliche versengen und verbrennen.

Doch selbst in dieser endzeitlichen Vision, findet der Humanist Seneca einen tröstlichen Ausblick, der von Ferne an Goethe gemahnt: *Und kommt die Zeit, da die Welt zugrundegeht, um sich zu erneuern, wird all dies sich aus eigener*

Kraft vernichten, dann prallen Sterne gegen Sterne, und wenn alles brennt, geht in einem einzigen Feuer alles, was jetzt sein Licht wohlgeordnet ausstrahlt, in Brand auf. Auch wir glückliche Seelen, der Ewigkeit teilhaftig, werden, wenn es der Gottheit gefällt, dies von neuem ins Werk zu setzen, wenn alles zerfällt, uns als kleiner Teil eben dieses riesigen Zusammenbruchs in die alten Urstoffe zurückverwandeln (*Trostschrift an Marcia*).

Ähnlich äußerte der religiöse Skeptiker Goethe in einem Gespräch mit Eckermann 1824 diesen Gedanken der Zurückverwandlung in die alten *Urstoffe*: *Wenn einer fünfundsiebzig Jahre alt ist, … kann es nicht fehlen, dass er mitunter an den Tod denke. Mich lässt dieser Gedanke in völliger Ruhe, denn ich habe die feste Überzeugung, dass unser Geist ein Wesen ist ganz unzerstörbarer Natur; es ist ein Fortwirkendes von Ewigkeit zu Ewigkeit. Es ist der Sonne ähnlich, die bloß unsern irdischen Augen unterzugehen scheint, die aber eigentlich nie untergeht, sondern unaufhörlich fortleuchtet.*

Der römische Philosoph, Staatsmann und Schriftsteller lehrt uns Lebensmeisterung durch Gelassenheit. Glück ist für ihn weder „Glückssache“, noch „Glück haben“, sondern ein Glücklichsein von innen her: *Es ist ein Geschenk der Götter, dass wir leben; dass wir aber richtig und sittlich gut leben, verdanken wir der Philosophie ... Die Kenntnis der Lebensweisheit zwar haben die Götter keinem verliehen, a l l e n aber die Anlage dazu. Beim Einzelnen liegt, was er mit ihr anfängt. Schließlich verdankt man den Grad seiner Weisheit, seiner Rechtsgesinntheit und Gesundheit sich selbst. Niemand kann sie von anderen empfangen.*

Der stolze römische Bürger Seneca ist inmitten seines waffenstarrenden Weltreiches, das größer ist als die heutige Europäische Union, ein Pazifist. *Gott*, sagt er, *hat uns die Welt gegeben, um uns an den Vorzügen eines jeden Landstriches teilhaben zu lassen, nicht, damit wir Legionen und Reiter übersetzen, und auch nicht, damit wir Waffen, die den Völkern den Tod bringen, übers Meer transportieren.* Dieses Völker vernichtende Schicksal ist nicht gottgewollt, es ist Menschenwerk. Wie aktuell mutet die Mahnung in einer Welt an, in der amerikanische Bomberflugzeuge ihre tödliche Last *übers Meer transportieren*, um Menschen, Dörfer und Städte, Brücken, Fabriken und Flughäfen in Afghanistan oder anderswo auszulöschen.

Weltbürgertum

Vernunft und gemeinschaftliche Verbundenheit – ratio et societas – gewährleisten für Seneca den Zusammenhalt der Menschheit, indem sie die natürliche Schwäche des Menschen in Stärke verkehren können. Selten ist den sozialen Tugenden der Hilfsbereitschaft und der Dankbarkeit ein schöneres Lob gesungen worden. Die Fähigkeit sozialen Verstehens ist in diesem Werk – es hat nicht seinesgleichen in der antiken Literatur – zu voller Reife gelangt.

Heinz Berthold,
Seneca. Mensch und Werk

Woher wir kommen und wohin wir gelangen wollen, was gut und was schlecht für uns ist, das lehrt uns nach Seneca die Philosophie in weltbürgerlicher Absicht. Seneca erweist sich als ein gelassener, empfindungsstarker und nicht selten witziger Le-

MACH UNS ZU EINZELWESEN,
WAS SIND WIR DANN?

(SENECA)

bensmeister. Spannender und tiefdimensionierter als alle unsere herkömmlichen Ratgeber führt er uns in das Herz der Dinge. Seine Schriften und Briefe sind das Programm des Lebens schlechthin: Sklave oder Herr der Dinge? Leben lernen! Mehr Mut zu dir selbst! Behandle die Sklaven menschlich! Krankheit und Selbstbeherrschung. Furchtlosigkeit. Zornüberwindung. Selbsterziehung. Maß und Übermaß. Selbsteinkehr. Verwesentlichung des Lebens. Alter und Tod. Dankbarkeit.

Man kann Lucius Annaeus Seneca immer wieder von neuem lesen, ihm mit stets erweiterter Lebenserfahrung begegnen. *Wir werden die wahre Gesundheit nur entdecken*, ruft er uns Kleinmütigen über die Jahrtausende hinweg zu, *wenn wir uns von der Menge trennen. Denn die Masse Mensch steht im Gegensatz zur rechten Vernunft und verteidigt ihr eigenes Übel und Leiden. Lasst uns fragen: Was ist das Beste? Und nicht: Was ist das Übliche?*

Seneca wirkte auf Geister wie Bernhard von Clairvaux und Thomas von Kempen, Dante und Petrarca, Michel de Montaigne, Voltaire, Kant, Schopenhauer und Thomas Mann. Wenn ein Friedrich Nietzsche für die Moderne mit Recht bemängelt, *die Philosophie unserer Universitäten ist eine Abzweigung der Philologie*, mit anderen Worten, sie sei lendenlahm bis zur Unfruchtbarkeit, so schenkt uns Seneca, ob wir Laien oder so genannte Fachleute sind, das herzklopfende Abenteuer lebendiger Philosophie.

Dabei hat Seneca den Gedanken der geistigen Gleichheit, Freiheit und Brüderlichkeit stärkere Impulse gegeben als jeder andere Denker vor ihm. Aus der Philosophie der Einheit des Alls, der Allgegenwart der Vernunft und des göttlichen Charakters der Seele resultiert, dass im tiefsten Grunde alle Klassen- und Rassenunterschiede zwischen den Menschen, alle Differenzen nationaler, politischer und sozialer Art nicht wesenhaft sind. Alle Menschen rund um den Erdball gehören vielmehr nach Seneca zu einer globalen Gemeinschaft. Wie modern sich das alles anhört!

Der Philosophiehistoriker Friedrich Jodl kommt in seiner *Geschichte der Ethik als philosophische Wissenschaft* zu dem Schluss: *Diesen Tatsachen entsprechend, müssen auch die oft gehörten Behauptungen modifiziert werden, die klassische Kultur habe keinerlei Liebestätigkeit und ebenso wenig den Begriff der Humanität gekannt. In Wirklichkeit hat das Christentum nur eine im römischen Kaiserreich bereits vorhandene Tendenz in seine Kreise aufgenommen und mit großer Energie weitergebildet.* Mit Blick auf Seneca und die römische Stoa urteilt Jodl überzeugend: *Wir sehen Männer, welche eine Ethik des allgemeinen Wohlwollens begründeten, welche, ganz unabhängig vom Christentum, vor und neben ihm erwachsend, ihm die Bahn geebnet und mindestens ebensoviel wie diese Religion dazu beigetragen hat, die Idee der Menschenliebe und der Menschenrechte verständlich und teuer zu machen.*

Dabei ist der Weltbürger Seneca ein Mensch in seinem Widerspruch. In der Schrift *Vom glückseligen Leben* geht Seneca offen auf die Spannung zwischen philosophischer Lehre und Leben des Philosophen ein. *Anders sprichst du, anders lebst du,* lautet der Vorwurf gegen ihn. Seneca erwidert: *Dies … hat man dem Plato, dem Epikur, dem Zeno vorgeworfen. Denn diese alle sprachen ja nicht davon, wie sie selbst lebten, sondern wie man leben sollte. Von der Tugend rede ich, nicht von mir, sondern wie man leben sollte … das soll mich nicht hindern, ein Leben zu preisen, nicht wie ich es führe, sondern wie ich weiß, dass es geführt werden müsse.* Schopenhauer hat dieses moralische Dilemma einmal sinngemäß mit dem Scherzwort gelöst: *Der Philosoph ist ein Wegweiser. Der Wegweiser zeigt die Richtung an. Er kann selbst nicht laufen.*

Das klingt nach rabulistischer Taschenspielerei, ist es aber nicht. Seneca ermuntert uns, den erworbenen Wohlstand zu genießen, uns aber nicht von ihm versklaven zu lassen – frei nach Nietzsches Wort *Wer wenig besitzt, wird umso weniger besessen.* Unserer Geldgier hält Seneca seine eigene Reserve gegenüber Statussymbolen und Vermögen entgegen: *Mir wird der Reichtum, auch wenn er schwindet, nichts entführen als sich selbst; du aber wirst erstarrt sein und dir vorkommen, als seist du ohne dich selbst zurückgeblieben, wenn er von dir gewichen ist. Bei mir nimmt der Reichtum allerdings einen gewissen Rang ein, bei dir aber den höchsten und bedeutendsten: Ich bin im Besitz des Reichtums, dich aber hat der Reichtum im Besitz.* An anderer Stelle heißt es fast gleichlautend: *Bei dem Weisen nämlich steht der Reichtum in Dienstbarkeit, bei dem Toren übet er die Herrschaft.*

Zustimmend zitiert der erfolgreiche Geschäftsmann Seneca die Kritik des Geld- und Zinskritikers Donatus: *Was soll ich von den Zinsterminen und den blutigen Produzenten sagen; Das sind von uns selbst geschaffene Übel, Produkte unserer eigenen Einrichtungen ... Wie jämmerlich, sich an einem großen Kapitalbuch zu erfreuen und an ungeheuren Ländereien, die von gefesselten Sklaven bebaut werden müssen ...*

Aus Seneca, soviel ist klar, lässt sich jedoch weder ein Sklavenrebell wie Spartacus noch ein Philosoph mit der revoltierenden Seele eines Friedrich Engels oder Karl Marx machen. Auch bei Seneca bestimmt letztlich, um das scharfsinnige Axiom von Marx zu gebrauchen, das Sein das Bewusstsein. Seneca ist ein Reformdenker und Philanthrop in der herrschenden Klasse. Ausdrücklich fordert der Philosoph jedoch den Wohlhabenden zur Großherzigkeit und öffentlichen Wohlfahrt auf: *Er wird Schenkungen machen entweder an Gute oder an solche, die er gut machen kann. Das höchste Gut,* so befindet Seneca über das *glückselige Leben,* ist nicht Reichtum, sondern *ein Leben, welches mit seiner Natur im Einklang steht.* Seneca verlegt die Maßstäbe für gut und böse vom Äußeren ins Innere. Ausschlaggebend ist die Gesinnung des Menschen; ein jeder hat, wie Kant später formulieren wird, den Richter in seiner eigenen Brust.

Man lasse sich von Senecas immer wiederkehrenden Ermahnungen zum meditativen Rückzug, zur wissenschaftlichen Konzentration und Herzensgüte nicht dazu verführen, den Philosophen für einen Eskapisten und Verfechter des Einsiedlertums zu halten. Zwischen der Einsamkeit der Selbstreflexion und der *vita activa* besteht bei Seneca ein dialektischer Zusammenhang. Beides gehört, wie das Ein- und Ausatmen, wie Systole und Diastole, zum Leben. Der Ausgleich sozialer Unterschiede, das gesellschaftliche Engagement jedes von uns und die Verbreitung weltbürgerlicher Gesinnung sind für Seneca zentrale stoische Anliegen.

Man wird, so schreibt Seneca in der Schrift *Vom glückseligen Leben*, *bei gehöriger Auswahl schon etwas finden, worin man dem Staat nützen kann. Muss einer als Privatmann leben, so sei er ein Redner. Ist ihm Schweigen auferlegt, so helfe er seinen Mitbürgern als stummer Anwalt.*

Erinnert dies nicht an den berühmten Appell John F. Kennedys 1960 in der Harvard

Universität an die Landsleute, an die Welt? *Meine amerikanischen Mitbürger, fragt nicht, was Euer Land für Euch tun kann; fragt, was Ihr für Euer Land tun könnt! Meine Mitbürger in der Welt, fragt nicht, was Amerika für Euch tun kann; fragt, was wir gemeinsam für die Freiheit des Menschen tun können.*

Seneca schreibt: *Hat ein Mensch die Wirksamkeit des Bürgers verloren, so übe er die des Menschen. Deshalb haben wir uns in großherziger Gesinnung nicht in die Mauern einer einzigen Stadt eingeschlossen, sondern uns zum Verkehr mit dem ganzen Erdkreis hinausbegeben und die ganze Welt für unser Vaterland erklärt, um für die Tugend einen weiteren Spielraum zu gewinnen.* Wäre Seneca unter uns, er würde gegen die Ausländerfeindlichkeit demonstrieren.

Seneca mobilisiert die Tugend der Zivilcourage gegen das, was die alten Griechen die *omphalophilie*, die *Liebe zur Nabelschau* nannten. Heute könnte man das Konsumspießertum oder, ich sage das als Therapeut, den egozentrischen Ich-Kult in gewissen Psychoszenen nennen. Seneca erinnert an Sokrates, dem sein Leben kein zu hoher Preis für seinen freiheitlichen Geist war. *Der ist ein wahrer Mann*, notiert Seneca in der Schrift *Von der Gemütsruhe, der, wenn ihn auch Gefahren rings umdrohen, seine Tugend nicht scheitern lässt, noch sich verkriecht. Denn sich vergraben, heißt nicht, sich erhalten. Curius Denatus, glaube ich, war es, welcher sagte, „er wolle lieber ein Toter sein, als wie ein Toter leben". Das größte aller Übel ist, aus der Zahl der Lebenden zu scheiden, ehe man stirbt.*

Der Mensch ist ein politisches Wesen und kein Einzelner. Daraus erwächst seine Verpflichtung zur Solidarität und zum sozialen Engagement. So mahnt Seneca seinen jungen Freund und Schüler Lucilius: *Wir sind für die Gemeinschaft geboren. Unsere Gemeinschaft gleicht einem Gewölbe aus Stein, das einstürzen würde, wenn sich die Steine nicht gegenseitig stützten und so das Gewölbe hielten.* Natürlich ist Seneca, anders als der Republikaner Cicero, für eine aufgeklärte Monarchie mit einem wissenden und verantwortungsvollen Oberhaupt an der Spitze. Aber er lässt an keiner Stelle seines umfassenden literarischen Oeuvres einen Zweifel an der grundsätzlichen Gleichheit aller Menschen. In der Schrift *Über die Wohltaten* hält er fest: *Dieselben Anfänge haben alle Menschen, denselben Ursprung; niemand ist vor-*

nehmer als ein anderer, außer wenn er sich durch eine aufrechtere und auf Grund guter Charaktereigenschaften bessere Gesinnung auszeichnet.

Dabei vertritt der Denker, wenn man so will, eine Aristokratie des Geistes, die Einsamkeit aufrechter Gesinnung, die Abkehr von dem, was der Existenzphilosoph Martin Heidegger das *man* und das *Gerede* und die *Uneigentlichkeit* nannte. Seneca: *Doch nichts verwickelt uns in größere Unannehmlichkeiten, als wenn wir uns nach dem Gerede richten, in der Meinung, das Beste sei das, was auf allgemeine Zustimmung stößt, … und wenn wir uns in unserem Leben nicht von der Vernunft, sondern von dem Wunsch nach Anpassung leiten lassen … An den Beispielen anderer gehen wir zugrunde. Wir finden aber Heilung, sofern wir nur der Masse den Rücken kehren* (*Über das glückselige Leben*).

Eigens zur Herausbildung einer humanen staatsbürgerlichen Gesinnung schreibt Seneca in der Tradition großer Philosophen und Literaten seinem kaiserlichen Schüler Nero einen *Fürstenspiegel* mit dem schönen Titel *De clementia, Über die Milde*. Noch im Jahr 1772 hat der Aufklärer und Schriftsteller Christoph Martin Wieland so ein Staatstraktat an die

Herrscher der deutschen Kleinstaaterei unter dem Titel *Der goldene Spiegel* verfasst. Seneca beginnt dieses berühmt gewordene Dokument der Weltliteratur mit einer Absichtserklärung im ersten Satz: *Zu schreiben über die Milde, Kaiser Nero, habe ich mich entschlossen, um gewissermaßen ein Spiegel zu sein und dich dir zu zeigen als einen Menschen, der zur größten Freude aller Menschen werden wird.*

Natürlich ist diese Schrift nicht nur für den labilen jungen Kaiser, sondern auch für die Öffentlichkeit gedacht. Für Seneca ist die *clementia* eine Gesinnung aus sozialer Verantwortlichkeit, Selbstbeherrschung und Humanität. In seiner Beweisführung benutzt der Philosoph, um das Verhältnis von Volk und Kaiser zu bestimmen, das Beispiel von den Körpergliedern und dem Kopf. Wie die Glieder, das Volk, das organisierende Zentrum des Kopfes, des Königs, bedürfen, so ist der Kopf nichts ohne die lebenserhaltenden Glieder. Nur in Harmonie können Kopf und Organe friedlich zusammenwirken.

Liebe, Vertrauen und Verlässlichkeit sind die Fundamente des Staatswesens, Misstrauen zersetzt es: *Einem friedlichen und ruhigen König sind treu seine Helfer, weil er sich ihrer für das Gemeinwohl bedient, und der ruhmreiche Soldat ... nimmt gern jede Mühe auf sich als des Vaters Wache; doch jenen harten und blutrünstigen Gewaltherrscher bedrücken notwendig die eigenen Leibwächter. Können sie treuen Willen haben, wenn er sie bei der Folter als Folter- und Tötungswerkzeug gebraucht, wenn er ihnen nicht anders als wilden Tieren Menschen vorwirft??*

Seneca weiß, wovon er spricht. Über den Kaiser Claudius, also den Despoten, der ihn nach Korsika verbannt hatte, schreibt er in einem satirischen Schauspiel *Apokolokyntosis* (*Verkürbissung*) beißend: *Dieser Mensch, ihr Senatoren, von dem ihr den Eindruck habt, er könne keiner Fliege etwas zuleide tun, der ließ Menschen umbringen – genauso bedenkenlos, wie ein Hund sich hinsetzt und loskackt?*

Seneca schlägt ein mildes paternalistisches Herrschermodell vor. Nero möge über seine Bürger herrschen wie ein Vater über seine Kinder, ein Lehrer über seine Schüler, ein General über seine Soldaten. Nicht strafen, sondern loben, ermuntern und fürsorglich sein. Er motiviere seine Schutzbefohlenen. Ein guter Politiker, so Seneca, handele wie ein guter

Arzt: *Eines schlechten Arztes Haltung ist es, die Hoffnung aufzugeben, dass man behandeln kann; dasselbe muss bei den Menschen, deren Seele angegriffen ist, der Mann tun, dem das Gemeinwohl anvertraut ist, nicht schnell die Hoffnung fallen zu lassen, noch todbringende Zeichen zu verkünden; ringen soll er mit den Fehlhaltungen.*

Als ob das Beispiel noch nicht genüge, verweist Seneca den Kaiser auf die Einzigartigkeit der Bienenkönigin: *Durch Folgendes jedoch wird sie am meisten hervorgehoben: Sehr aggressiv und für ihre körperliche Leistungsfähigkeit besonders kampfeslustig sind die (Arbeits-)Bienen, und ihren Stachel lassen sie in der Stichwunde stecken. Die Königin selbst ist ohne Stachel. Weder wollte die Natur, dass sie wild sei, noch dass sie Rache, die teuer zu stehen kommen muss, suche. Die Natur nahm ihr die Waffe weg und ließ ihre Aggressivität waffenlos. Das ist für große Könige ein gewaltiges Beispiel; denn die Natur hat die Sitte, sich zu äußern im Kleinen und für gewaltige Dinge besonders kleine Lehrstücke herbeizuschaffen.*

So manchem modernen kriegsbesessenen „König" auf dem Präsidentenstuhl einer Großmacht stünde Senecas Warnung heute noch an:

Keine Auszeichnung ist des Kaisers Hausgiebel würdiger und schöner als jener Kranz „Für die Rettung von Bürgern", nicht Waffen der Feinde, nicht Kampfwaren der Barbaren, mit Blut besudelt, nicht im Krieg errungene Beute.

Einen Glanzpunkt im Denken des kaiserlichen Philosophen bilden seine menschlichen Ausführungen über die Sklaven. Vergessen wir nicht, die Sklavenhaltung ist d e r Skandal der antiken Gesellschaft, der Millionen von Menschenleben fordert. Der Sklave ist nach dem altrömischen Recht eine *res loquens, eine sprechende Sache.* Ihr Besitzer kann sie jederzeit verkaufen, das Heiraten verbieten, sich die Kinder der Sklaven aneignen, den Sklaven grausam züchtigen, ja ihn sogar töten. Auch große Denker wie Sokrates, Plato oder Aristoteles nahmen grundsätzlich keinen Anstoß an der Kriegslist, andere Völker zu überfallen, um deren Frauen und Männer zu Sklaven zu machen und sie auf dem heimischen Markt teuer zu verkaufen. Vergessen wir aber auch nicht, dass noch in der Mitte des 19. Jahrhunderts die Sklaverei in den USA letztlich nur in einem blutigen Bürgerkrieg überwunden wurde und die faktische Gleichstellung von

Schwarzen und Weißen noch heute nicht völlig erreicht ist!

Der Sklave ist ein Mensch, postulierte Seneca, und keine Sache: *Eine besonnene Behandlung der Sklaven ist lobenswert. Auch bei einem Sklaven muss man bedenken, nicht wie viel er schadlos ertragen kann, sondern wie viel dir das Gefühl für Recht und Billigkeit gestattet, nachdem man ja auch gefangene und gekaufte Personen schonen soll … Obwohl einem Sklaven gegenüber alles erlaubt ist, gibt es ein gemeinsames Recht aller Lebewesen, das verbietet, von dieser Freiheit einem Menschen gegenüber Gebrauch zu machen.*

Kann denn ein Mensch völlig Sklave sein? fragt der Denker. Natürlich, mit seinem Körper ist die Sklavin, der Sklave dem Herrn ausgeliefert und seinem Eigentum zugeschrieben. Was aber ist mit seiner Seele? Seneca: *Sie ist so frei und leicht, dass sie nicht … daran gehindert werden kann, ihrem natürlichen Impuls zu folgen, große Ideen zu entwickeln und sich … ins Unendliche fortzuschwingen. Daher ist es nur der Körper, den das Schicksal dem Herrn übergeben hat. Den kauft er, den verkauft er; doch jener innere Kern kann niemandes Eigentum werden.*

Dankbar schreibt Seneca seinem Lucilius, es

freue ihn, dass er mit seinen Sklaven freundschaftlich umgehe. Dies beweise kluges Verständnis und philosophische Bildung. Dann findet Seneca Formulierungen, die zum Schönsten menschlicher Gesittung zählen: *„Es sind Sklaven." Aber doch Menschen. „Es sind Sklaven." Aber sie gehören doch zur Hausgemeinschaft. „Es sind Sklaven." Jedoch Freunde, wenn auch von niedrigem Stande. „Es sind Sklaven." Aber auch deine Mitsklaven, wenn du bedenkst, dass das Schicksal uns gleichermaßen alle in der Gewalt hat.*

Seneca kann über Leute nur lachen, die es für eine Schande halten, mit einem Sklaven zusammen zu essen: *Und warum? Nur weil ein arroganter Brauch bestimmt, dass beim Essen eine Schar Sklaven um den Herrn herumzustehen hat? ... Aber die unglücklichen Sklaven dürfen ihre Lippen nicht bewegen, nicht einmal, um etwas zu sagen. Mit dem Stock wird jedes Gemurmel geahndet. Sogar unwillkürliche Regungen wie Husten, Niesen und Schluckauf bleiben nicht von Schlägen verschont. Jeder Laut, der die Stille unterbricht, wird streng bestraft. Die ganze Nacht lang stehen sie mit leerem Magen stumm da.*

Wen wundert es dann, dass das römische Sprichwort sagt: *Wie viele Sklaven, so viele Feinde.* Seneca hält dagegen: *Sie sind nicht unsere Feinde, wir machen sie erst dazu.*

Kein anderer Philosoph hat so wie Seneca die Sklavenhaltung als ein Verbrechen gegen die Menschlichkeit schneidend verurteilt. Er macht aufmerksam auf *die Tatsache, dass wir sie nicht wie Menschen behandeln, sondern als Lasttiere missbrauchen; dass, wenn wir uns zu Tisch legen, einer der Sklaven unseren Auswurf aufwischen, ein anderer unter dem Speisesofa das Erbrochene der Betrunkenen aufsammeln muss.* Ein anderer Sklave *muss die ganze Nacht wach bleiben; während dieser Zeit verlangen die Trunksucht und die sexuellen Gelüste des Herrn abwechselnd seine Dienste: Im Schlafzimmer ist er Mann, beim Gelage Knabe …*

Römische Politik und römisches Recht definieren den einen Menschen als freien Bürger, den anderen als einen Sklaven. Das ist menschliche Willkür, nicht Naturrecht. Es mag einer Sklave sein. Aber, so Seneca, ist er nicht freien Geistes? *Zeige mir einen, der kein Sklave ist*, wendet sich Seneca an Lucilius. Er gibt selbst die Antwort: *Der eine ist Sklave sei-*

ner Begierde, der andere seiner Habsucht, ein dritter seines Ehrgeizes, aber alle sind Sklaven der Hoffnung, alle sind Sklaven der Angst. Ich kann dir einen ehemaligen Konsul zeigen, der einem alten Weib, einen Reichen, der einer jungen Magd verfallen ist, und ich kann dir junge Männer aus dem Hochadel präsentieren, die den Pantomimen hörig sind. Keine Sklaverei ist verächtlicher als die Freiwillige! … Sei mild zu deinem Sklaven, gehe auch freundschaftlich mit ihm um, ziehe ihn ins Gespräch, hole seinen Rat ein, bitte ihn an deinen Tisch … Es ist der Gipfel der Dummheit, einen Menschen nach seiner Kleidung, seiner äußeren Stellung zu beurteilen, die er zufällig bekleidet.

Seneca öffnet den Römern die Augen für eine grausame Wahrheit, wenn er Lucilius an die jüngere Geschichte des Weltreiches erinnert: *Nach der Niederlage des Varus warf das Schicksal viele Bürger aus vornehmstem Hause aus der Bahn, die dank ihrer militärischen Karriere schon den Rang eines Senators vor Augen hatten; den einen machte es zum Viehhirten, einen anderen zum Türsteher. Verachte also ruhig einen Mann, den solches Schicksal traf – dir kann, noch während du ihn verachtest, dasselbe widerfahren.*

Seneca lässt keinen Zweifel an der sittlichen Gleichheit aller Menschen: *Du sollst stets daran denken, dass der Mann, den du deinen Sklaven nennst, dem gleichen Samen entstammt, sich an demselben Himmel freut, dass er atmet, lebt und stirbt wie du! Du kannst in ihm ebenso einen freien Mann sehen wie er in dir einen Sklaven.*

Seneca wagt nicht, die Sklaverei frontal anzugehen, aber er besteht darauf, im Sklaven den Menschenbruder zu sehen. Unmissverständlich verurteilt er auch die Gladiatorenkämpfe als staatlich lizenziertes Morden. Er entlarvt die Dekadenz reicher Nichtstuer, die Fressorgien in den Herrschaftshäusern, den Alkoholmissbrauch und die Geringschätzung des menschlichen Lebens durch die Staatsmacht. Seneca an Lucilius: *Der Mensch ist das Heiligste für einen Menschen.*

Rom ist das Herz eines gewaltigen Imperiums, das in blutigen Kämpfen die Völker unterjocht und mit ununterbrochener militärischer Gewalt seine Grenzen in der nordafrikanischen Wüste, am Atlantik und an den Strömen Rhein, Donau und Euphrat behauptet. Aller Reichtum der „befriedeten" Länder sammelt sich in der römischen Metropole, die sich als eine Stadt der Gegensätze präsentiert: Obszönster Reichtum auf der einen, gnadenloseste Armut auf der anderen Seite, traumhafte Paläste und Gärten hier, dort Slums und Mietskasernen und Mietwucher für die *misera plebs*, das städtische Proletariat und Subproletariat. Hier fast absolutistische Macht, dort menschenunwürdige Ohnmacht und Abhängigkeit.

Seneca hat diese schreienden Widersprüche gesehen und als Denker reflektiert. Das macht seinen Realismus, seine Kühnheit und sein Engagement aus. Der dänische Biograf Villy Sörensen resümiert in seinem Werk *Seneca. Ein Humanist an Neros Hof* zutreffend:

Seneca, ein Altersgenosse Jesu, wirkt in vieler Beziehung modern. Die Probleme, auf die er als Staatsmann an Neros Hof stieß, über die er als Dichter und Philosoph schrieb, der Konflikt zwischen Realpolitik und humanen Idealen, zwischen der Forderung nach politischem Engagement und dem Hang zu ungestörter Selbstverwirklichung, all diese Probleme sind auch in der Gesellschaft unserer Tage aktuell. Seine humanistischen Ideen sind für uns heute so selbstverständlich, dass wir leicht übersehen, dass sie damals weniger selbstver-

ständlich und origineller waren ... Rom mit seiner Gigantomanie, seinem Mangel an gemeinsamen geistigen Werten, seinem Reichtum und seiner Armut, seinem Lebensgenuss und seinem Lebensüberdruss, seinem Verlangen nach Unterhaltung und Erlösung, seinem Individualismus und seiner Massenpsychose, dieses Rom ist d e r Präzedenzfall unserer eigenen Großstadtsituation.

Wohltätigkeit

Eigenartigerweise kann ein Mann immer sagen, wie viel Schafe er besitzt, aber er kann nicht sagen, wie viel Freunde er hat, so gering ist der Wert, den wir ihnen beimessen.

Sokrates

Als Mann und Psychotherapeut, der die Steppenlandschaft männlicher Beziehungsarmut jeden Tag aufs Neue betritt, beglückt mich besonders das Hohelied der Freundschaft, das Seneca anstimmt. Wir wissen, dass Seneca selbst ein körperlich gefährdeter, asthmatischer Mann jenseits der gängigen Schönheitsnormen war. *Über meine Kahlköpfigkeit hat man gewitzelt*, schreibt er einmal, *über meine Augenkrankheit, meine dünnen Beine, meine Figur. Wieso ist das eine Beleidigung, wenn man zu hören bekommt, was offensichtlich zutrifft?* Aber er scheint ein Genie der Freundschaft gewesen zu sein.

DIE NATUR HAT UNS DIE LIEBE ZUEINANDER GEGEBEN UND UNS ZU GESELLIGEN WESEN GEMACHT.

(SENECA)

Das ist, wie gesagt, bei Männern eher eine Ausnahme. Eine demoskopische Untersuchung belegte in der Bundesrepublik, dass von zehn Männern über vierzig Jahren nur einer einen wirklichen Freund besitzt – aber neun von zehn Frauen haben eine beste Freundin! Männer gebärden sich oft als emotionale Sparschweine. Marylin French beschreibt die männliche Seelenisolation und die maskuline Einsamkeit mit den Worten: *Die extreme Konkurrenz innerhalb der Männerwelt lehrt die Männer, einander zu fürchten und zu misstrauen. Viele Männer mögen Kumpel haben, mit denen sie Karten spielen, trinken oder Sport treiben, lassen aber kaum zu, dass diese Beziehung über oberflächliche Neckerei, Rivalität hinausgeht. Nahezu alle männlichen Freizeitaktivitäten sind in irgendeiner Form konkurrenzorientiert; das Gleiche gilt für die geradezu rituellen Streitgespräche über Fußball, Politik oder die Vorzüge bestimmter Autos, Fotoapparate oder Rasenmäher. Die meisten Männer haben keine Freunde oder sind zu echter Freundschaft gar nicht fähig, weil sie sich davor fürchten, ihre schützende Fassade aufzugeben.*

Wenn ich einen Mann in der Sprechstunde frage, ob er einen Freund hat, so verneint er meist. Er sagt dann, er *hoffe, eines Tages wieder einen Freund zu finden*. Das Wörtchen *wieder* erinnert ihn daran, dass er als kleiner Junge selbstverständlich einen Freund hatte, mit dem er Arm in Arm durch die Straßen lief, wilde Spiele spielte, gemeinsam die erste Sexualität erkundete und mit dem er ewige Blutsbrüderschaft beschwor. Die Augen der meisten Männer leuchten auf, wenn sie von diesem großen Geschenk der ersten Knabenfreundschaft berichten. Doch wie man „eines Tages" einen Freund finden soll, so wie man zufällig einem vierblättrigen Kleeblatt oder einer Sternschnuppe begegnet, das scheint mir ebenso rätselhaft wie eine kosmische Begegnung „dritter Art". Drücken wir Männer uns da nicht um ein Stück achtsamer und einsatzreicher Beziehungsarbeit?

Goethe beschreibt einmal in seinen *Maximen und Reflexionen*, was die Essenz männlicher Freundschaft ausmacht: *Freundschaft kann sich bloß praktisch erzeugen, praktisch Dauergewinn. Neigung, ja sogar Liebe hilft alles nichts zur Freundschaft. Die wahre, die tätige, die produktive besteht darin, dass wir gleichen Schritt im Leben halten, dass er meine Zwecke billigt, ich die seinigen, und dass wir so unverrückt zusammen fortgehen, wie auch sonst die Differenzen unserer Denk- und Lebensweise sein mögen.*

Seneca definiert die Freundschaft, auch die unter Männern, als eine Folge der menschlichen Natur überhaupt. Sie ist sozial, das heißt auf gegenseitige Hilfe, Sympathien und Berührungen angelegt. Gegenüber Lucilius registriert Seneca: *Die Natur hat uns als Blutsverwandte geschaffen, indem sie uns aus denselben Stoffen für ein und dieselbe Bestimmung erzeugte. Sie hat uns die Liebe zueinander eingegeben und uns zu geselligen Wesen gemacht. Sie hat festgesetzt, was recht und billig sein soll. Nach ihren Gesetzen ist es unglückseliger, einem anderen zu schaden, als selbst Schaden zu erleiden. Sie befiehlt uns, einem Hilfsbedürftigen die Hände zu reichen.*

Der Mensch ist ein geselliges Wesen. Die Gottheit hat ihm zwei Potenzen in die Seele gesenkt, *die Vernunft und die Fähigkeit zur Gesellschaft: Das macht unsere Stärke aus, dass wir uns gegen das Schicksal wappnen können. Hebe die Gemeinschaft auf, und du wirst die Einheit der menschlichen Gesellschaft, die das Leben erst ermöglicht, zerstören* (*Über die Wohltaten*).

Das Ich und das Du gehören dialektisch zusammen. Nur in der Begegnung mit dem Du wird aus mir ein Ich, das sich widergespiegelt findet, das kommuniziert, sich im gemeinsamen Arbeits- und Liebesprozess bestimmt. Leben heißt Verbundenheit, Mitgefühl, im Ensemble von Partnerschaft, Familie, Freundschaft, Arbeits- und Staatsgemeinschaft getragen zu sein. Wer Freundschaft verweigert, wer sie nicht herstellen oder nicht pflegen kann, katapultiert sich aus der Gemeinschaft und damit aus den existenziellen Lebenszusammenhängen heraus.

Seneca formuliert diesen anthropologischen Sachverhalt mit grandioser Eindringlichkeit: *Die Gemeinschaft in allen Dingen lässt uns zu Freunden werden. Weder Glück noch Unglück betrifft nur einen von uns. Wir leben füreinander. Unmöglich kann jemand ein glückliches Leben führen, der nur auf sich schaut und alles seinem Vorteil unterordnet. Für den anderen musst du sinnvoll leben, wenn du für dich sinnvoll leben willst.* Schließlich: *Dieses Bedürfnis nach Gemeinschaft, behutsam und respektvoll gepflegt, das die Menschen aneinander bindet und auf ein allgemeines Menschengericht verweist, trägt auch besonders dazu bei, diese von mir erwähnte tiefere*

Freundschaft zu fördern. Denn wer mit dem Menschen vieles gemein hat, wird mit dem Freunde alles gemeinsam haben.

In dem gleichen Brief an Lucilius betrachtet Seneca auch die Bedingungen der Freundschaft. Sie kann nicht in einem luftleeren Raum gedeihen, sondern braucht geistige Gemeinsamkeiten und ethische Übereinstimmungen: *Wirkliche Freundschaft, die weder durch Hoffnung und Furcht, noch um die Sorge um den eigenen Vorteil zerrissen wird, ist nur möglich, wenn beide ein gemeinsames geistiges Streben nach dem Guten leitet. Schon wenn einer dem, den er für seinen Freund hält, nicht ebensoviel traut wie sich selber, kennt er das Wesen der wahren Freundschaft nicht. Nach geschlossener Freundschaft muss man trauen, vor ihrem Abschluss prüfen. Der Massenmensch prüft erst, wenn er geliebt, statt zu lieben, nachdem er geprüft hat.*

Seneca plädiert für radikale Ehrlichkeit als dem Grundsubstrat wahrer Freundschaft. Freundschaft zu einem anderen Menschen ist Freundschaft zu sich selbst: *Überlege lange, ob einer in deine Freundschaft aufzunehmen sei. Hast du es aber einmal beschlossen, dann nimm ihn mit deinem ganzen Herzen auf und sprich mit ihm ebenso offen wie mit dir selbst. Lebe so, dass du dir nichts vertraust, was du nicht auch dem Freunde vertrauen kannst. H ä l t s t du deinen Freund für treu, wirst du ihn auch dazu m a c h e n. Denn manche haben schon Hintergehen g e l e h r t, indem sie hintergangen zu werden f ü r c h t e t e n, und dem anderen durch Argwohn ein Recht gegeben, sich an ihm zu versündigen. Warum also sollte ich in Gegenwart eines Freundes irgendein Wort zurückhalten?*

Von Horaz (65–8 v. Chr.) stammt das Wort: *Nichts stelle ich, wenn ich gesunden Sinnes bin, einem zärtlichen Freund gleich.* Der Preußenkönig Friedrich II. wiederum kam nie über das Trauma hinweg, dass sein sechsundzwanzigjähriger Freund Hans Hermann von Katte 1730 vor seinen Augen auf Befehl des königlichen Vaters in Küstrin hingerichtet wurde. Er klagte noch im Alter: *Einen wahren Freund halte ich für eine Himmelsgabe.*

Dabei ist Freundschaft, nicht anders als die Liebe, ein Kunstwerk der Beziehungsarbeit. Sie verlangt Offenheit, Intimität, Hingabe, das Ausleben von Spannungen, Widersprüchen, Nähe und Distanz, Zulassen des Fremdartigen.

Freundschaft fällt nicht vom Himmel. Freundschaft ist Liebe mit Verstand und ist Zähigkeit. Eine Freundschaft zu pflegen, heißt, wie Saint Exupérys Füchslein zum Kleinen Prinzen sagt, einen Freund zu zähmen, ihm *viel Zeit* zu schenken und sich ihn damit vertraut zu machen. *Wer einen Freund sucht ohne Fehler,* sagt das türkische Sprichwort, *bleibt ohne Freund.*

Mit einem Freund brechen gerade wir Männer aus unserer selbstverschuldeten Einsamkeit auf. Freundschaft führt, so betont Seneca, in die Tiefen der bedingungslosen Hingabe: *Wer nur an sich denkt und aus Ich-Sucht eine Freundschaft schließt, denkt falsch. Wie er angefangen hat, so wird er enden. Man verschafft sich einen Freund, um jemanden zu haben, den man in die Verbannung begleiten, für dessen Wohlergehen man sich opfern kann. Alles andere ist nicht Freundschaft, sondern Spekulation, die ihrem Vorteil nachgeht und berechnet, was sie gewinnen wird. Wahre Freundschaft ist nur, wo* E i n h e i t *herrscht. In ihr offenbart sich der Adel der Seele.*

An anderer Stelle (*Über die Muße*) rät der realistische Philosoph zur sorgsamen Auswahl von Freunden: *Besonders muss man jedoch Pessimisten und den Menschen aus dem Weg gehen, die über alles jammern und alles und jedes zum Anlass nehmen, sich zu beklagen. Mag so jemand uns auch stets ergeben und gewogen sein: Ein Gefährte, der sich ständig aufregt und über alles stöhnt, bedroht doch erheblich unseren Seelenfrieden.*

Wir werden jedoch kaum freundschaftsfähig sein, wenn wir uns nicht zuerst selbst zum Freund gemacht und die größte Liebesgeschichte unseres Lebens, nämlich die zu uns selbst, absolviert haben. Hübsch berichtet Seneca seinem Lucilius, was er bei seinem Hekaton erlebt hat: „*Du fragst*", *sagte er,* „*welche Fortschritte ich gemacht habe? Ich habe angefangen, mir ein Freund zu sein.*" *Er ist ein großes Stück vorwärts gekommen: Niemals mehr wird er einsam sein. Wisse, dass er allen ein Freund ist.*

Das Bild vom einsamen Weisen hält Seneca für lebensfeindlich. Natürlich muss, nach stoischer Lehre, der Mensch aus seiner eigenen Würde und Strebung heraus leben und ist allein für sein Glück verantwortlich, doch er darf das Sich-Anlehnen und die Freundschaft genießen:

Mag also der Weise noch so selbstgenügsam sein, so braucht er doch Freunde, er möchte sogar möglichst viele, doch nicht, um glücklich zu leben; sein

Leben ist ja auch ohne Freunde glücklich ... er hat an sich selbst genug und doch heiratet er. Er hat an sich selbst genug und doch zieht er Kinder auf. Er hat an sich selbst genug und würde dennoch nicht leben wollen, sollte er es ohne Freunde tun müssen. Zur Freundschaft bringt ihn kein persönlicher Nutzen, sondern ein natürlicher Hang; denn so wie uns das Verlangen nach manch anderen Dingen angeboren ist, so auch nach Freundschaft. So wie es eine Abneigung gegen das Alleinsein und ein Bedürfnis nach Gemeinschaft gibt, so wie der Mensch von Natur aus Anschluss an andere sucht, so gibt es auch hier eine natürliche Neigung, Freundschaften für wünschenswert zu halten. So schreibt Seneca an Lucilius.

Mit der Freundschaft ist die Wohltätigkeit untrennbar verbunden. Der Multimillionär Seneca spendete viele Sesterzen für Arme und für öffentliche Zwecke. Wohltätigkeit ist nach Seneca gleichsam der Kitt, der die Gesellschaft zusammenhält und die den Geber wie den Nehmer in die Solidarität des Menschseins einbindet. Sein umfangreichstes Buch, neben den hundertvierundzwanzig Briefen an Lucilius, hat Seneca dem Nachdenken *Über die Wohltaten* (*De beneficiis*) gewidmet. Es umfasst mit seinen sieben großen Kapiteln in der von Manfred Rosenbach herausgegebenen deutsch-lateinischen Fassung exakt fünfhundert Seiten. Hier bekennt Seneca:

Undankbarkeit ist etwas, das um ihrer selbst willen zu meiden ist. Denn nichts vermag die menschliche Gemeinschaft in gleicher Weise aufzulösen und zu zerreißen wie diese Fehler. Wodurch sonst nämlich sind wir sicher, wenn nicht dadurch, dass wir uns wechselseitig gute Dienste leisten? Nur dadurch ist unser Leben einigermaßen gesichert und gegen plötzliche Angriffe geschützt: Durch den Austausch von Wohltaten. Mach uns zu Einzelwesen, was sind wir?

Weniges ist schlimmer, notiert Seneca in diesem großen Werk an seinen Freund Liberalis, als *Wohltaten weder zu erweisen noch entgegenzunehmen.* Ohne Wohltaten bräche die menschliche Solidargemeinschaft zusammen. Aber, so Seneca, wir müssen Wohltaten respektvoll adressieren: *Ein beschwerliches Wort ist es, ein belastendes, mit gesenktem Blick sagen zu müssen: „Ich bitte". Das musst du ersparen einem Freund und jedem Menschen, den du zum Freund machen willst, indem du dich um ihn bemühst; unverzüglich handele man – spät erweist eine Wohl-*

tat, wer sie einem Bittenden erweist. Deshalb muss man erahnen eines jeden Menschen Wünsche und es, wenn man es erkannt hat, von der sehr belastenden Notwendigkeit des Bittens befreien.

Ebenso darf man aber auch Wohltaten annehmen, ohne sie mit dem rechnerischen Kalkül des Schuldners penibel zurückzuzahlen: *So sagen wir, wer eine Wohltat in guter Gesinnung entgegennimmt, habe Dank abgestattet … damit wir Wohltaten nicht fürchten, damit wir nicht, von unerträglicher Last bedrückt, den Mut sinken lassen: … Wie werde ich diesem Manne Dank abstatten können? Wann wird jener Tag kommen, an dem ich ihm meine Gesinnung zeigen kann? … Du willst vergelten eine Wohltat? In guter Gesinnung nimm sie entgegen; abgestattet hast du Dank, nicht dass du meinen durftest, du habest deine Schuld abgetragen, sondern dass du freier von Beunruhigung schuldest.*

Seneca gibt zu bedenken, dass wir selbst ohne die Fülle der Wohltaten von Eltern und Lehrern nicht überlebt hätten. Das Spenden von Wohltaten ist, sozusagen und modern gesprochen, im Generationenvertrag, indem wir nur als ein Glied in einer unendlichen Kette fungieren, naturnotwendig vorgesehen.

Sind wir nicht selbst die Empfänger ununterbrochen sprudelnder Wohltaten der Natur oder der Götter, wie immer wir es auch sehen wollen? Seneca: *Nach Art wirklich guter Eltern, die zu den Schmähungen ihrer kleinen Kinder lachen, säumen die Götter nicht, Wohltaten denen zuzuwenden, die an dem Urheber der Wohltaten zweifeln, sondern in gleichmäßig ununterbrochenem Fortgang verteilen sie ihre Güter über Völker und Staaten, weil sie eine einzige Macht, die zu nützen, erhalten haben: Sie netzen mit gedeihlichen Regenfällen die Lande, die Meere bewegen sie mit dem Wehen des Windes, mit der Gestirne Lauf markieren sie die Zeit. Winter und Sommer sänftigen sie mit dem Eintreten eines milderen Hauches, das Irren strauchelnder Seelen ertragen sie sanftmütig und gnädig.*

Vor diesem Hintergrund kosmischer Dankbarkeit, ruft Seneca zur Nachahmung der Wohltaten spendenden Natur und göttlichen Vernunft auf: *Ahmen wir sie nach; geben wir, auch wenn vieles vergeblich gegeben ist; geben wir nichtsdestoweniger anderen, geben wir eben jenen, bei denen es ein Verlust geworden ist. Niemanden hat ein Einsturz abgehalten, Häuser zu errichten, und wenn Feuer die Hausgötter verzehrt hat, le-*

gen wir Fundamente, obwohl der Baugrund noch warm ist … Zu Lande und zu Wasser käme menschliches Tun zum Stillstand, wenn es nicht gefiele, schlecht Versuchtes erneut zu versuchen.

Im Spenden von Wohltaten transzendiere, übersteige ich meine egoistische und isolierte Existenz und beuge zugleich dem drohenden Lebensüberdruss vor. In seinem Traktat *Über die Seelenruhe* empfiehlt Seneca: *Am besten wäre, … sich aktiv zu betätigen und sich der Politik und sozialen Aufgaben zuzuwenden. … Denn wenn man sich zum Ziel gesetzt hat, seinen Mitbürgern und Mitmenschen zu nützen, ist es das beste Mittel, sich zu üben und zugleich zu vervollkommnen, wenn man sich engagiert seinen Pflichten widmet und sich so, gemäß seinen Fähigkeiten, für das allgemeine und das persönliche Wohl einsetzt.*

Kürze des Lebens

Frage dich bei jeder Handlung: In welchem Verhältnis steht diese zu mir? Werde ich sie nicht bereuen? Bald schon werde ich gestorben und alles verschwunden sein. Was suche ich mehr, wenn ich im gegenwärtigen Augenblick als intelligentes Wesen handele, welches sich in den Dienst der menschlichen Gemeinschaft stellt und Gott gleichgestellt ist?

Marc Aurel (121–180 n. Chr.),
Selbstbetrachtungen

Je älter der Mensch wird, desto mehr trifft ihn in der Regel der Schock über die Kürze des Lebens. Wer kennt den Stoßseufzer nicht, mit dem wir zum fünfzigsten oder sechzigsten Geburtstag sagen: *Jetzt möchte ich mit all meinem gegenwärtigen Wissen und meiner Lebenserfahrung das Leben noch einmal neu beginnen!*

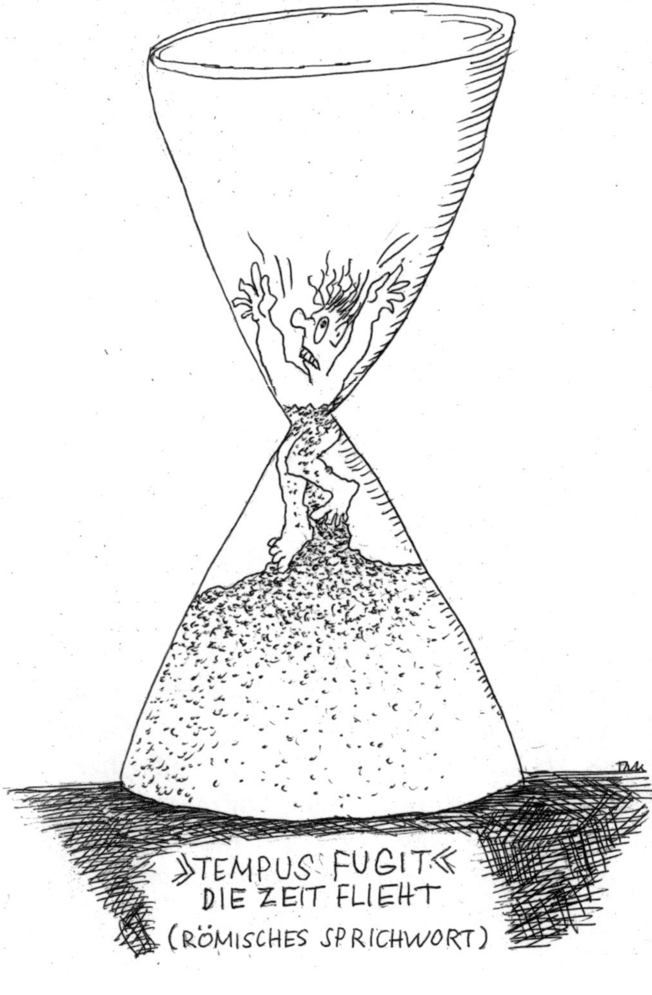
»TEMPUS FUGIT«
DIE ZEIT FLIEHT
(RÖMISCHES SPRICHWORT)

Es gehört zu den Paradoxien des bewussten Lebens, dass es, kaum ist es, wie ein guter Wein, zur herbstlichen Fülle gelangt, schon wieder dem Ende entgegensteuert. Kosmisch gesehen, ist das winzige Leben eines menschlichen, tierischen oder pflanzlichen Geschöpfes ohnehin nur eine Anekdote, ein Wimpernschlag im Kontinuum der Unendlichkeit. Vielen Menschen ist es nicht vergönnt, wie – dem biblischen Mythos nach – der steinalte Moses, die Welt restlos erfüllt und *lebenssatt* zu verlassen.

Seneca hat zu diesem Thema eine seiner schönsten Schriften unter dem Titel *De brevetate vitae*, *Über die Kürze des Lebens* geschrieben. Ich liebe diese Betrachtung am meisten von allen Werken Senecas. Das hat damit zu tun, dass ich in den Herbst meines Lebens eingetreten bin und, wenn ich still werde, die Sanduhr der Endlichkeit leise rieseln höre und nach dem Sinn des Ganzen frage. Seneca wendet sich in dieser Schrift an seinen Freund Paulinus und registriert zu Beginn das *skandalon*, *das Ärgernis* des Menschen: *Die Mehrzahl der Sterblichen klagt über die Ungunst der Natur, weil wir nur für eine kurze Lebensdauer geboren würden, weil die Frist der uns verliehenen Zeit so schnell, so reißend verlaufe, dass, sehr wenige ausgenommen, die meisten das Leben mitten unter den Zubereitungen für das Leben verlassen.*

Es ist eine der großen Leistungen der stoischen Philosophie, die Menschen immer wieder auf die Kürze des Lebens und die Substanzlosigkeit der *Polypragmasie*, der hektischen Vielgeschäftigkeit, hingewiesen zu haben. Noch Marc Aurel, der 180 nach Christus in einem Feldlager bei Wien gestorbene wehrhafte Kaiser und bedeutende Denker, der die Stoa abschließt, machte die Philosophie zur ständigen Begleiterin. Sie half ihm, die Last der Regierungsgeschäfte zu tragen und mitten in der Rastlosigkeit seines Schicksals die Heiterkeit und den Frieden eines innerlich freien Menschen zu bewahren. Seine *Selbstbetrachtung*, das Reiterstandbild auf dem Capitol in Rom und die Markussäule auf der Piazza Colona erinnern bis heute an sein Wirken. In den Selbstbetrachtungen resümiert Marc Aurel, nicht anders als Seneca, den kurzen Bühnenauftritt der menschlichen Existenz und das theaterhaft Illusionäre unserer Wichtigtuerei:

Winzig ist also die Zeit, die jeder lebt, winzig

das Fleckchen Erde, worauf er lebt; winzig auch der weitreichendste Nachruhm, dieser beruht auf der Überlieferung durch Menschen, die sehr bald sterben werden und nicht einmal sich selber kennen, geschweige denn den vor Zeiten Gestorbenen. Ja, Marc Aurel empfiehlt sogar mit drastischen Worten, *auf das Menschliche stets als etwas Vergängliches und Wertloses herabzuschauen. Gestern ein bisschen Schleim, morgen Mumie oder Asche.*

Wenige Denker haben so eindringlich das Hamsterrad unserer oft so sinnentleerten Geschäftigkeit beschrieben wie Seneca: *Den einen aber hält unersättliche Habsucht gefangen, einen anderen geschäftige Emsigkeit in überflüssiger Arbeit; der eine ersäuft im Weine, … den anderen treibt in Hoffnung auf Gewinn fortreißende Handelsbegierde in allen Ländern, auf allen Meeren umher … Die meisten jagt, kein sicheres Ziel verfolgend, unstetig, unbeständig, sich selbst missfallende Unbeständigkeit von einem Plan zum anderen. … Wir leben nur des Lebens kleinsten Teil; denn freilich, unsere ganze übrige Dauer ist nicht Leben, sondern Zeit.*

Wen gibt es, so Seneca, der sein Geld an Hinz und Kunz verteilen möchte? Aber genau das machen wir mit unserer Zeit. Mit vergeblichem

Kummer, törichten Freuden und gierigen Leidenschaften verschwenden wir den kostbaren Rohstoff Zeit, als ob er uns unermesslich zur Verfügung stünde: *Ihr lebt, als würdet ihr immer leben, niemals kommt euch in den Sinn, wie karg ihr bedacht seid. Man kann die meisten sagen hören: „Vom fünfzigsten Jahre an will ich mich in den Ruhestand zurückziehen." Oder: „Das sechzigste Jahr soll mich von allen Geschäften losmachen."* Diese Rechnung ist lebensgefährlich. Denn: *Wie viel zu spät ist es doch, dann erst zu leben anzufangen, wenn man aufhören soll! Welch törichtes Vergessen der Sterblichkeit ist es, vernünftige Vorsätze auf das fünfzigste oder sechzigste Jahr hinauszuschieben und das Leben erst da beginnen zu wollen, wohin es nur wenige bringen!*

Niemand achtet den Wert der Zeit. Man gebraucht sie verschwenderisch, als ob sie nichts koste. Dabei vergeuden wir uns und vertagen, nach Seneca, das Wesentliche immer wieder auf das Morgen: *Das Hinausschieben ist der größte Verlust fürs Leben; es verzettelt immer den nächsten Tag, es entreißt die Gegenwart, indem es auf die Zukunft verweist. Das größte Hindernis des Lebens ist die Erwartung, die vom Morgen abhängt.*

Weil uns dann die Zeit knapp wird, versuchen wir das Tempo zu steigern: *Daher muss man mit der Eile der Zeit durch Schnelligkeit der Benutzung wetteifern und, wie aus einem reißenden Waldbache, der nicht immer strömen wird, rasch schöpfen … Die Sache eines sorglosen und ruhigen Gemütes ist es, alle Teile seines Lebens zu durchlaufen; die Seelen der Vielgeschäftigen können sich, als ob sie unter dem Joche wären, nicht wenden und zurückschauen. Ihr Leben ist also in die Tiefe entschwunden, und so wie es nichts hilft, wenn du auch noch so viel hineingießest, wenn nicht unten etwas ist, was es aufnehme und halte: So kommt auch nichts darauf an, wie viel Zeit gegeben wird, wenn nichts da ist, wo sie haften bleibt; durch schadhafte und durchlöcherte Seelen rinnt sie hindurch … Dem Vielgeschäftigen gehört also bloß die Gegenwart, die so kurz ist, dass man sie nicht erfassen kann, und gerade sie entzieht sich den nach so vielen Seiten hin Zerstreuten.*

Die Zerstreuten eilen nach Seneca von der einen Sache zu der anderen. Sie können nicht bei einem Verlangen stehen bleiben. Ihnen sind die Tage nicht lang, sondern verhasst: *Den Tag verlieren sie in Erwartung der Nacht, die Nacht in Furcht vor dem Tage. Ihre Vergnügun-*

gen selbst sind angstvoll und durch mancherlei Schrecken beunruhigt, und in ihrer ausgelassensten Freude beschleicht sie der Gedanke: Wie lange wird sie dauern?

Seneca spricht mit seinen Überlegungen über die Kürze des Lebens ein Problem an, das sich in der Neuzeit eminent verschärft hat. Denn der Zeitverschwendung unserer Ignoranz dem Wesentlichen des Lebens gegenüber, steht das Phänomen der rasanten mechanischen Beschleunigung und Verknappung einer inhaltsarmen Zeit entgegen. Marianne Gronemeyer hat diesen umwälzenden Geschichtsprozess in ihrem Buch *Das Leben als letzte Gelegenheit* meisterhaft analysiert.

Mit dem *Projekt Moderne* der neuzeitlichen Naturwissenschaft und Philosophie wurde die *Herrschaft* über die Natur statt die *Partnerschaft* mit ihr anvisiert. Damit geriet der Mensch philosophisch aus der Haltung der Geduld. Der mittelalterliche Mensch akzeptierte den Tod als von Gott verhängten Abschluss des Lebens, hinter dem Himmel oder Hölle sich verbarg. Dem Menschen des Mittelalters war hiermit, wenn man so will, eine unendliche Zeitstrecke gegeben, eine kleine hier auf Erden, eine unendliche im Jenseits.

Als das neuzeitliche Individuum sich jedoch emanzipierte und sein Dasein im Wesentlichen als die Spanne zwischen dem Punkt A, der Geburt, und dem Punkt B, dem Tod, definierte, sah er sich mit tödlicher Dringlichkeit mit einer extrem begrenzten Lebensspanne konfrontiert. Wie nie zuvor erlebte der Mensch von jetzt an den Widerspruch zwischen dem Überangebot der Lebensoptionen einerseits und der Zeitknappheit andererseits.

Was sollte er tun? Wenn das Versprechen der individuellen Unsterblichkeit mehr als brüchig geworden war – und fast alle modernen Philosophen von Voltaire über Kant bis Feuerbach, Marx, Nietzsche, Heidegger und Sartre reflektieren diesen Verlust der frühen Heilsgewissheit –, so muss die Verknappung der Zeit damit kompensiert werden, dass die *Lebensschnelligkeit* erhöht wird.

Marianne Gronemeyer sagt dazu: *Mit dem Anbruch des Maschinenzeitalters wurden die Kräfte entfesselt, die die Umdrehungsgeschwindigkeit des Laufs der Dinge schwindelerregend steigerten. Kraft und Antriebsmaschinen verfältigten die zur Verfügung stehenden Kräfte, und die Arbeitsteilung brachte zeitsparende Ordnung und Routine in die Arbeit.*

Die Moderne bescherte so einen Triumph über die Langsamkeit. Der Zeitgewinn war jedoch zugleich mit einem Schwund der natürlichen Welt bezahlt. Das macht die Janusköpfigkeit des Fortschrittes aus. Er ist zugleich Gewinn und Verlust. Mit der Postkutsche brauchten unsere Vorfahren von Rügen bis Konstanz ungefähr zwei Wochen, mit dem Auto schaffen wir das heute problemlos in einem Tag. Aber, um diesen sensationellen Zeitgewinn zu realisieren, benötigen wir zuvor eine von uns präparierte künstliche, ja geschundene Welt.

Marianne Gronemeyer nennt den Preis: *Die Beschleunigung der Fortbewegung war ohne Raubbau an fossilen Brennstoffen, ohne Ausplünderung anderer Rohstofflager, ohne Hinterlassung dicker Luft, die man fast nur noch in Scheiben atmen kann, ohne Durchsäuerung des Bodens, die immer mehr Bäume zum Aufgeben zwingt, ohne Schädigung von Tausenden von Tier- und Pflanzenarten, ohne flächendeckenden Lärm rund um die Uhr nicht zu haben.*

Wo die Beschleunigung regiert und uns im Alltag schier die Luft wegnimmt, gewinnt ein panischer Gedanke von uns Besitz: Die Angst, etwas zu versäumen. Diese Unruhe verfolgt uns. Verzweifelt bemühen wir uns, die Zeit in den Griff zu bekommen. Seminare für Zeitmanagement haben Konjunktur.

Wenige Denker haben so viel über die Zeit nachgedacht wie Seneca. Er insistiert auf seiner Beoachtung: *Wir haben nicht zu wenig Zeit, aber wir verschwenden zu viel davon. Auch zur Vollbringung der größten Dinge ist das Leben genug, wenn es nur gut angewendet wird … Ja, so ist es: Wir haben das Leben nicht knapp empfangen, sondern verschwenderisch. So wie große und königliche Reichtümer, wenn sie an einen schlechten Herrn gekommen sind, im Augenblicke verschleudert werden, solche aber, die einem guten Haushalter übergeben sind, durch den Gebrauch sich vergrößern; so hat unser Leben für einen, der es haushälterisch verwendet, einen weiten Spielraum.*

Wir alle meinen, zu leben wäre die einfachste Sache der Welt. Dabei verstehen wir genau das nicht: *Nichts ist weniger die Sache eines in Anspruch genommenen Menschen, als zu leben, und doch gibt es keine schwerere Kunst als diese. Lehrer der anderen Künste gibt es überall und viele ... Leben aber muss man das ganze Leben hindurch lernen.*

Langes Leben heißt noch lange nicht erfülltes Leben. Seneca findet hierfür einen plastischen Vergleich: *Der grauen Haare und Runzeln wegen darfst du nicht glauben, dass einer lange gelebt habe; nicht lange gelebt hat er, sondern nur lange existiert. Denn, glaubst du wohl, es sei einer weit geschifft, wenn ihn, kaum aus dem Hafen heraus, ein schrecklicher Sturm empfangen und dahin und dorthin getragen und durch wechselnde Winde, die von entgegengesetzter Richtung her tobten, immer auf demselben Raume im Kreise herumgetrieben hat? Er ist nicht weit geschifft, sondern viel umhergeworfen worden.*

Seneca gibt an dieser Stelle eine hinreißende Definition dessen, was die Antike mit der Maxime *otium cun dignitate*, *Muße mit Würde* gemeint hat. Sie ist nicht einfach Faulenzerei, im Liegestuhl herumhängen, schnelle Autos fahren und um die Welt jetten: *Nur die allein von allen leben in Muße, die ihre Zeit der Weisheit widmen; sie allein leben wirklich; denn nicht nur ihre eigene Lebenszeit hüten sie gut, sondern sie fügen auch jedes Zeitalter dem ihrigen bei. Sämtliche Jahre, die vor ihnen verlebt worden sind, gewinnen sie für sich.*

Was heißt das? Seneca zielt auf die geistige Aneignung der Dichtung, der Philosophie, der Naturwissenschaft, der Politik, kurz des Wissens aller vergangenen Epochen ab. Der Mensch lebt nicht vom Brot allein. Schon gar nicht ist der Mensch geschichtslos, wie das liebe Vieh, nur an den *Pflock des Augenblicks* (Nietzsche) gefesselt. *Muße mit Würde* heißt, sich die Schätze des Weltdenkens anzueignen. Seneca: *Kein Jahrhundert ist uns verschlossen, zu allen haben wir Zutritt.*

Die Sache eines sorglosen und ruhigen Gemüts ist es nach Seneca, alle Etappen seines Lebens achtsam zu durchlaufen und sich wie ein Schwamm mit der Weisheit der Welt, Kultur, Literatur, Philosophie vollzusaugen:

Nur die allein leben in Muße, die ihre Zeit der Weisheit widmen; sie allein leben wirklich; nicht nur ihre eigene Lebenszeit hüten sie gut, sondern sie fügen auch jedes Zeitalter dem ihrigen bei. Sämtliche Jahre, die vor ihnen gelebt worden sind, gewinnen sie für sich … Es ist uns gestattet, mit Sokrates zu disputieren, mit Epikur der Ruhe zu pflegen, mit den Stoikern die menschliche Natur zu überwinden, mit den Kynikern über sie hinauszugehen, wie die Natur mit jedem Zeitalter Schritt zu halten … Das Leben des Weisen hat also eine weite Ausdehnung; ihn schließen nicht dieselben Grenzen wie die anderen ein; er allein ist von den Gesetzen der Menschheit entbunden; alle Jahrhunderte dienen ihm wie einer Gottheit … Sehr kurz und sorgenvoll dagegen ist das Leben derer, die das Vergangene vergessen, das Gegenwärtige vernachlässigen, das Zukünftige fürchten. Wenn sie ans Ende gelangt sind, dann sehen die Beklagenswerten zu spät ein, dass sie vielgeschäftig waren und doch nichts getan haben.

Macht es denn eine so große Freude, fragt Seneca auch uns moderne hektische Zeitgenossen mit unseren Herz-Kreislauf-Krankheiten und Stresserkrankungen, *mitten in Geschäften zu sterben?* Der Philosoph diagnostiziert die Todeskrankheit auf diesem Jahrmarkt der Eitelkeiten: *Dies aber ist die Gesinnung der meisten; ihr Verlangen nach Anstrengung dauert länger als ihre Kraft dazu; sie ringen mit der Schwäche des Körpers; sie achten das Greisenalter in keiner anderen Hinsicht für lästig, als weil es sie von Geschäften entfernt … Inzwischen, während sie gegenseitig elend sind, ist ihr Leben ohne Genuss, ohne Vergnügen, ohne allen Fortschritt des Geistes; niemand hat den Tod vor Augen, jedermann richtet seine Hoffnungen in die Ferne. Manche ordnen sogar noch an, was über das Leben hinaus liegt, gewaltige Steinmassen von Grabmälern, Stiftungen öffentlicher Bauwerke, Fechterspiele an ihrem Scheiterhaufen und prunkvolle Leichenbegängnisse. Aber wahrhaftig, sie sollten, als solche, die nur wenig gelebt haben, bei armseligem nächtlichem Fackel- und Kerzenschein hinausgetragen werden.*

Was für ein gescheiter und lebensstarker Mann ist dieser Seneca! Welche pulstreibende Botschaft des wahren Lebens eröffnet er uns! Was für einen Reichtum des gelebten Augenblicks! Welche Fülle des Lebens! Welche inneren Wege zur Freiheit! Seneca ermutigt uns, nicht nur vom Leben zu träumen, sondern unsere Träume zu leben: *Jetzt, solange das Blut noch warm, das Leben noch frisch ist, müssen wir uns an das Bessere machen. Bei dieser Lebensweise erwartet dich eine Fülle edler Wissenschaften, Liebe zur Tugend und Übung in ihr, ihr Vergessen der Begierden, die Kunst zu leben und zu sterben, ein Zustand tiefer Ruhe.*

Womit wir noch einmal bei Senecas philosophischem Nachfolger angelangt sind. Marc Aurel bekundete in seinen *Selbstbetrachtungen*: *In der Unermesslichkeit des Raumes und der Zeit des Universums gleicht der Mensch einem Staubkorn, das der Wind davonträgt, oder einem winzigen Lichtpunkt. Durch die Vervollkommnung seiner grundsätzlichen Güte und des Adels seines moralischen Bestrebens jedoch bewirkt er, dass er dem Universum in nichts nachsteht.*

Alter und Tod

Und solang du das nicht hast,
Dieses: Stirb und werde!
Bist du nur ein trüber Gast
Auf der dunklen Erde.

Goethe.
Ost-Westlicher Divan

Alter und Tod – wie schwer tun wir uns damit. Das sind zwei schmerzliche Kränkungen des Lebens. In den siebziger Jahren äußerte sich Jean Paul Sartre über eine Art existenzieller Forschungsfahrt seines kommunistischen Freundes und Schriftstellers Paul Nizan: *Er ist nach Russland gefahren, weil er herausfinden wollte, ob die Leute jetzt nach der Revolution keine Angst mehr vor dem Tod hätten, ob der Tod für sie etwas Zweitrangiges geworden wäre, weil, so dachte er, ein Mensch, der jetzt innerhalb der Masse etwas tut und weiß, dass das allen nützt und dass andere nach ihm dasselbe tun werden, sich selbst als einen Teil der Masse empfindet, die ihn fortsetzen wird; also, dachte er,*

KEINE ZEIT.
ICH MUSS
SHOPPEN...

muss er nicht mehr in derselben Weise an den Tod denken. Die Erkundung des Schriftstellers fiel jedoch enttäuschend aus. Nein, sagte Paul Nizan nach seiner Rückkehr aus dem „sozialistischen Paradies“ zu Sartre, *in diesem Punkt nein, da ist nichts zu machen, da haben sie sich nicht verändert.*

Es ist eine alte Illusion der utopischen Weltentwürfe, Krankheit, Alter und Tod aus unserem Leben wegzuzaubern. Der Mensch, wie die Existenzialisten Sartre und Camus sagen, wird jedoch in diese Welt *geworfen*, als eine armselige, nackte Kreatur. Wir können Alter und Tod als Existenzialien, als Grundbefindlichkeiten des Lebens, nicht wegstecken. Wir müssen uns ihnen stellen.

Es ist dabei, so scheint mir, nicht entscheidend, welche individuelle Antwort wir finden – darüber werden wir nie Einigkeit unter uns Menschen gewinnen –, sondern dass wir den vernichtenden Aspekt des Todes, seine ungeheuerliche Provokation überhaupt in unser Leben hineinnehmen.

Besonders in unserem Älterwerden stehen wir vor der Notwendigkeit, unserem Selbst ernsthafte Betrachtung zu widmen und die

Auslöschung der Individuation im Tod zu bedenken. Carl Gustav Jung definierte in seinem 1930 gehaltenen Vortrag *Die Lebenswende* das Leben vom Tode her: *Ich bin als Arzt überzeugt, dass es sozusagen hygienischer ist, im Tod ein Ziel zu erblicken, nach dem gestrebt werden sollte, und dass das Sträuben dagegen etwas Ungesundes und Abnormes ist, denn es beraubt die zweite Lebenshälfte ihres Ziels.*

Damit sind wir noch einmal bei dem bereits besprochenen *Projekt Moderne* angelangt. Denn im Tod ein Ziel zu erblicken, ihn als symphonischen Schlusspunkt der Lebensmelodie zu akzeptieren, bedeutet, die gesamte Denkrichtung des Abendlandes der letzten Jahrhunderte umzukehren. Denn das *Projekt Moderne*, wie es die großen Denker seit der Zeit der Renaissance und des erstarkenden Bürgertums seit dem 16. und 17. Jahrhundert entwickelten, richtete sich nicht nur auf die totale Beherrschbarkeit und Vernutzung der Natur im Dienste der Wissenschaft und des unendlichen Fortschrittes, sondern versprach, die Krankheiten selbst und damit möglicherweise den Tod zu überwinden.

Gerade in der modernen Medizin, bei Ärzten wie bei Laien, dominiert der fast kindliche Glaube an die vollkommene technische Machbarkeit von Gesundheit, der Verlängerung des Lebens und sogar möglicherweise an den Sieg über den Tod. Einem Weltkrieg vergleichbar führt die Medizin den Kampf zur Beseitigung jeglicher Krankheit. Mit Medikamenten und Implantaten und immens teuren operativen Einsätzen soll die Krankheit beseitigt und letztlich dem Sterben Paroli geboten werden. Ob Mikrochirurgie, Transplantationschirurgie oder Genmanipulation, ob Chemotherapie, Laser- oder Kobaltbombe – die High-Tech-Medizin nährt unsere Illusion, alle Krankheiten als eine Art lästigen *Defekt* nach Art verrußter Zündkerzen beseitigen zu können.

In den USA erwägt ein Chirurg wie Prof. Robert White allen ernstes, den gesunden Kopf eines kranken alten Menschen auf den intakten Rumpf eines an einer Hirnverletzung tödlich verunglückten jugendlichen Motorradfahrers zu implantieren. ... In Todesanzeigen lesen wir immer wieder die Formulierung: *Er/sie kämpfte bis zuletzt gegen die heimtückische Krankheit – und verlor.* Das will sagen, der Tod ist unser Todfeind.

Dabei konstatierte bereits der französische Aufklärer, Arzt und Philosoph Julien Offray de La Mettrie 1747 in seinem Buch *L'Homme Machine* (*Der Mensch ist eine Maschine*) illusionslos: *Wer weiß übrigens, ob der Grund für die Existenz des Menschen nicht in seinem Dasein selbst liegt? Vielleicht ist er zufällig auf irgendeinen Punkt der Erdoberfläche geworfen worden, ohne dass man sagen kann, wie und warum; wir wissen nur, dass er leben und sterben muss, gleich jenen Pilzen, die von einem Tag zum anderen erscheinen, oder jenen Blumen, die am Rand der Gräben wachsen und Gemäuer bedecken.*

Wie gelassen lesen sich die Auslassungen Senecas über Krankheit, Alter und Tod. Nicht ohne Grund bemerkt einer seiner größten geistigen Schüler, Michel de Montaigne, eineinhalb Jahrtausende später: *Brauche ich stärkende Gedanken gegen die Todesfurcht, so leihe ich sie mir bei Seneca.*

Drei Dinge lasten auf jeder schweren Krankheit, konstatiert Seneca gegenüber Lucilius: Furcht vor dem Tod, körperlicher Schmerz, Verzicht auf alle Genüsse. Wieso sich vor dem Tode fürchten, fragt Seneca: *Wir fürchten uns nicht vor der Krankheit, sondern vor dem Naturgesetz ... du wirst sterben, nicht weil du krank bist, sondern weil du lebst. Der Tod wartet auf dich auch nach deiner Genesung. Wenn du wieder gesund wirst, bist du nicht dem Tod, sondern nur der Krankheit entkommen.*

Seneca war ein Leben lang medizinisch interessiert und befleißigte sich der *diaita*, also einer diätetischen, gesunden Lebensführung. Wenn ein Ganzheitsarzt wie Max Otto Bruker achtzig Prozent aller Erkrankungen auf falsche Ernährung rückführte, so formulierte Seneca diesen Sachverhalt auf den Wissensstand seiner Zeit mit unerbittlicher Kompromisslosigkeit an die Adresse des Lucilius:

Seitdem man Speisen nicht mehr zu sich nahm, um den Hunger zu stillen, sondern um den Appetit zu reizen, und man tausend verschiedene Rezepte erfand, um die Esslust anzuregen, wurde die Nahrung, einst ein Mittel gegen den Hunger, zur Belastung der Übersättigten. Daher die Blässe, das Zittern der Muskeln infolge übermäßigen Weingenusses, daher die erbarmungswürdige Magerkeit, eine Folge eher von Magenverstimmung als von Hunger; daher der unsicher schwankende Gang und das ständige Torkeln, ganz wie bei der eigentlichen Trunkenheit; daher die überall aufge-

schwemmte Haut und die Erweiterung des Magens, der sich kaum daran gewöhnen kann, mehr aufzunehmen, als er vermag; daher der vermehrte Fluss gelber Galle, das verfärbte Gesicht, das innerliche Verfaulen, die dürren Finger mit den gichtstarren Gelenken, die Lähmung gefühllos gewordener Nerven oder ihr unablässiges Vibrieren und Zucken. Was soll ich noch reden vom Schwindel im Kopf? Von den Qualen der Augen und Ohren, vom heftig schmerzenden Stechen des Hirns, von den inneren Geschwüren, die sämtliche Körperöffnungen befallen? … Was soll ich noch unzählige andere Krankheiten anführen, mit denen wir für unsere Völlerei büßen? … Erst die Vielzahl der Gerichte zog eine Vielzahl von Krankheiten nach sich … Daher entsprechen unsere neuen Erkrankungen unserer neuen Art der Lebensführung.

Wie aktuell ist das alles. Seneca kommt in diesem Zusammenhang auch auf seine eigene Krankheit, das Asthma zu sprechen. Das ist die Krankheit der ängstigenden Atemnot, der, wie die Ärzte sagen, *Vorübung des Sterbens.* Seneca zu Lucilius: *Ich habe mich schon während des Erstickungsanfalls immer wieder mit angenehmen und ermutigenden Gedanken beruhigt.*

„Worum geht es?“, sage ich zu mir. „Will mich der Tod des Öfteren prüfen? Er soll es nur machen: Ich habe ihn bereits vor längerer Zeit kennen gelernt.“ … Das aber kann ich dir versprechen, ich werde vor dem Tod nicht zittern; ich bin schon auf ihn vorbereitet und rechne am Morgen nicht mehr damit, noch den ganzen Tag zu erleben.

Die schwere Krankheit grundsätzlich als eine *Vorübung des Todes* zu betrachten, wäre dies nicht eine reife menschliche Leistung? Was zum Leben gehört, kann nicht falsch sein, argumentiert Seneca. Keiner von uns käme auf die Idee, den Herbst oder den Winter als „falsche“ Jahreszeit zu bezeichnen. Jede Jahreszeit hat vielmehr ihren eigenen Charakter, spezifischen Reiz und bietet neue Überraschungen – die Früchte des Herbstes, die strenge Lineatur schneebedeckter Winterlandschaften, das trockene Knirschen des Schnees, die kalte, tief in die Lunge dringende Luft. In diesem Sinn würdigt Seneca auch das Alter gegenüber Lucilius: *Lasst uns das Alter mit Liebe umfassen! Es ist voller Genüsse, wenn man es zu nützen weiß. Am besten schmecken die Früchte, wenn sie zur Neige gehen; … die Zechenden genießen besonders den letzten Trunk, jenen, der sie versinken lässt und ihren Rausch vollkommen macht; jede Lust spart ihren schönsten Reiz auf bis zum Schluss. Am reizvollsten ist das Lebensalter, das sich verneigt, doch noch nicht dem Ende entgegenstürzt, und auch jenes, das schon an der Schwelle des Todes steht, hat, wie ich meine, seine eigenen Freuden.*

Gerade in der letzten Phase des Lebens wird jeder Tag, wird jede Stunde, wird jede Minute zum funkelnden Lebenselixier: *Gewährt uns die Gottheit noch den morgigen Tag, wollen wir ihn in Freuden annehmen. Der ist wahrhaftig glücklich und sorgenfrei seiner selbst, der das Morgen ohne Bangen erwartet. Wer abends sagen kann: „Ich habe gelebt", der erhebt sich täglich zu seinem Gewinn.*

In einem kaum bekannten, aber erschütternd reifen Gedicht hat der alte Dichter Theodor Fontane (1819–1898) dieses Lebenselixier der erfüllten Alterszeit im Sinne Senecas gewürdigt:

O trübe diese Tage nicht,
Sie sind der letzte Sonnenschein,
Wie lange, und es lischt das Licht,
Und unser Winter bricht herein.

Dies ist die Zeit, wo jeder Tag
Viel Tage gilt in seinem Wert,
Weil man's nicht mehr erhoffen mag,
Dass so die Stunde wiederkehrt.

Die Flut des Lebens ist dahin,
Es ebbt in seinem Stolz und Reiz,
Und sieh, es schleicht in unsern Sinn
Ein banger, nie gekannter Geiz.

Ein süßer Geiz, der Stunden zählt
Und jede prüft auf seinen Glanz,
O sorge, dass uns keine fehlt,
Und gönn uns jede Stunde ganz.

Seneca ist kein Philosoph, der nach Art vieler Männer von sich selbst absieht und erhaben über die Welt philosophiert. Sein Philosophieren erhält die strahlende Qualität auch aus einem radikalen Subjektivismus der Konfession, des Selbstbekenntnisses, wie wir das bei einem Sokrates oder einem Augustinus kennen. Seneca leugnet seine Hinfälligkeit nicht, doch er ist dankbar über seine helle geistige Präsenz noch im Alter.

Dankbarkeit zählt überhaupt zu den hervorragenden Eigenschaften dieses Mannes: *Rechne mich zu den Altersschwachen, die schon an ihr Ende rühren. Trotzdem kann ich vor dir dankbar sein: Geistig fühle ich keine Beeinträchtigung durch das Alter, körperlich allerdings schon. Nur meine Fehler und ihre Gehilfen sind alt geworden. Der Geist ist frisch und freut sich, nicht mehr viel mit dem Körper zu tun zu haben; einen großen Teil seiner Bürde hat er abgelegt. … Gibt es denn einen besseren Lebensausgang, als in einem natürlichen Auflösungsprozess in sein Ende zu gleiten?* Und: *Was du tatsächlich erreicht hast, wird sich dann zeigen, wenn du im Sterben liegst. Ich akzeptiere diese Bedingung, ich schrecke vor dem Urteil nicht zurück.*

Dem Tod stellt sich Seneca in seiner berühmten *Trostschrift an Marcia*. Marcia hatte ihren blühenden schönen Sohn Metilius verloren. Gleich am Anfang seines epistolaren Werkes bekennt Seneca: *Ich habe beschlossen, mit deiner Traurigkeit einen Kampf zu beginnen … Halte immerhin deinen Schmerz fest, der dir an deines Sohnes Stelle fortleben soll. Denn wann wird er ein Ende nehmen? Alles ist vergebens versucht worden; ermüdet ist der Zuspruch der Freunde, der Rat großer und dir verwandter Männer … Selbst das natürliche Heilmittel der Zeit, das selbst den größten Kummer zu beschwichtigen pflegt, hat an dir seine Kraft verloren. Schon ist das dritte Jahr verstrichen, ohne dass inzwischen die Heftigkeit des Schmerzes etwas nachgelassen hat; er erneuert sich und stärkt täglich die Trauer, er hat sich durch die Länge der Zeit bereits ein Recht erworben und ist schon so weit gediehen, dass er es für schimpflich hält, dich zu verlassen.*

Der Tod und das Verständnis seines rätselhaften Phänomens haben, soviel steht fest, die Menschen schon immer in zwei Lager gespalten. Die Position der radikal innerweltlichen Sicht markieren Denker wie Epikur und, in der Moderne, zum Beispiel Norbert Elias. *Warum sollte man Angst vor dem Tode haben*, befand Epikur (342–270 v. Chr.), *solange wir sind, ist der Tod nicht da, sobald er da ist, sind wir nicht mehr.*

Der jüdische Soziologe Norbert Elias, dessen Mutter durch das Zyklon B der Nazi-Gaskammern ermordet wurde, meint: *Vielleicht sollte man doch offener und klarer über den Tod sprechen, sei es auch dadurch, dass man aufhört, ihn als Geheimnis hinzustellen. Der Tod verbirgt kein Geheimnis. Er ist das Ende eines Menschen. Was von ihm überlebt, ist das, was er anderen Menschen ge-*

geben hat, was in ihrer Erinnerung bleibt. Und: *Wenn die Menschheit untergeht, wird alles, was je ein Mensch getan, alles, wofür die Menschen je miteinander gekämpft haben, werden auch alle weltlichen und überweltlichen Glaubenssysteme sinnlos* (*Über die Einsamkeit der Sterbenden*).

Die diametrale Position der Transzendenz nimmt etwa der Kirchenvater und Philosoph Augustinus (354–430 n. Chr.) ein, wenn er, an die Hinterbliebenen gerichtet, formuliert: *Ihr, die ihr mich geliebt habt, seht nicht auf das Leben, das ich beendigt habe, sondern auf das, welches ich beginne.*

Nichts liegt dem Tröster Seneca ferner, als die ohnehin leidende Kreatur Mensch mit dem Eiapopeia der Hölle und der Todesfurcht zu schrecken. Gegenüber einer inquisitionären Amtskirche, die das Grauen des *dies irae dies illa*, also des zornigen jüngsten Gerichtes, immer schon als spirituellen Prügelstock gegen die armen Schäflein benutzt hat, vertritt der römische Philosoph eine dritte, noble und befriedende Position. Er beschreibt seine *Thanatologie*, seine Lehre vom Tod, wie wir bereits früher ausführten, Marcia so: *Bedenke, dass der Gestorbene von keinem Übel berührt wird; dass das, was uns die Unterwelt furchtbar macht, Dichtung ist: Dass den Toten keine Finsternis droht, kein Kerker, keine Feuerströme, kein Fluss der Vergessenheit, keine Richter und Ankläger und … Tyrannen. Das haben nur die Dichter gefabelt und uns durch leere Schreckbilder beunruhigt. Der Tod ist die Befreiung und das Ende von allem Übel, über ihn gehen unsere Leiden nicht hinaus; er versetzt uns in jene Ruhe zurück, in der wir lagen, ehe wir geboren wurden.*

Wir dürfen dem Tod gelassen begegnen, sagt Seneca: *Wenn einer die Toten bemitleidet, so muss er auch die noch nicht Geborenen bemitleiden. Der Tod ist weder ein Gut, noch ein Übel. Denn nur das kann entweder ein Gut oder ein Übel sein, was überhaupt etwas ist; was aber selbst ein Nichts ist und alles in Nichts zurückführt, gibt uns keinem Schicksal preis … Dein Sohn hat die Schranken überschritten, innerhalb derer man ein Sklave ist; es hat ihn ein großer und ewiger Friede aufgenommen … Endlich steht er da, von wo ihn nichts mehr vertreibt, wo ihn nichts mehr erschreckt.*

Vielleicht, so gibt Seneca zu bedenken, gibt es im Tod so etwas wie eine Verbindung großer Geister und das Wiedersehen mit dem geliebten Menschen des früheren Lebens. Sinnentleerte Todesrituale und übertriebene Kulte gegenüber dem Verstorbenen sind sinnlos: *Daher brauchst du nicht nach dem Grabe deines Sohnes zu laufen. Das Schlechteste und ihm selbst Lästigste liegt dort, Gebeine und Asche, was ebensowenig Teile von ihm sind als Kleider und andere Körperhüllen. Unversehrt und nichts auf Erden zurücklassend ist er entflohen und ganz von ihr geschieden. Wenn er ein Weilchen über uns geweilt haben wird, bis er geläutert ist und die ihm anhängenden Gebrechen und allen Wust des sterblichen Lebens abgestreift hat, so wandelt er dann, zu den höheren Regionen erhoben, unter seligen Geistern und unter Verächtern des Lebens und durch des Todes Wohltat Befreiten. Dein Vater, Marcia, zieht dort, obgleich daselbst allen alles verwandt ist, den Enkel an seine Seite.* Die Seele hat das Grobstoffliche abgestreift und schaut *das Reine und Klare* an.

An anderer Stelle, in seinen Briefen an Lucilius, bringt Seneca eine Definition des Todes ein, die in der Weltgeschichte des Denkens neu ist. Er definiert dort den Tod nicht als einen Schlusspunkt und als etwas vor uns Liegendes, sondern als einen *Basso continuo* unseres Lebens: *Wen kannst du mir nennen, der einigen Wert auf die Zeit legt, der den Tag schätzt, der einsieht, dass er täglich stirbt? Denn darin irren wir, dass wir den Tod nur als etwas Zukünftiges erwarten: Er ist zum großen Teile schon vorüber; alles, was von unserem Lebensalter hinter uns liegt, hat der Tod in Händen.*

Der Tod ist das Gesetz des Lebens. Eugen Drewermann hat das einmal (in *Ich steige hinab in die Barke der Sonne*) so in Worte gefasst: *Bereits im Augenblick der Zeugung eines Lebewesens beginnt die Uhr des Todes abzulaufen, und meist, noch ehe sie ihr Ziel erreicht, bringt ein beliebiger Zufall, wie von außen kommend, sie zum Stehen. Ein Weniges genügt: Ein Blutgerinnsel. Eine Öllache. Ein Stolpern auf der Treppe. Eine Herz-Rhythmus-Störung. Viele Millionen von Krankheitskeimen vermag der menschliche Körper abzuwehren, gegen das Programm des Todes in seinem eigenen Inneren ist er machtlos. Dieses Programm ist er selber. Die angemessenste Haltung gegenüber dem Tod scheint der Gehorsam: Mit der Stummheit der Tiere zu gehen, wenn er uns ruft.*

Seneca erinnert Marcia an die spontane, aber kurze Trauerbewältigung der Tiere: *Siehe, wie heftig bei den … Tieren die Sehnsucht nach ihrem Verlorenen ist, und dennoch wie kurz! Man hört das Gebrüll der Kühe einen und noch einen zweiten Tag lang, und nicht länger dauert auch das unsinnige Hin- und Herlaufen der Stuten ... Die Vögel umflattern ihre ausgeleerten Nester mit großem Geschrei; jedoch in einem Augenblick beruhigt, beginnen sie wieder ihre gewöhnlichen Ausflüge. Bei keinem lebendigen Geschöpf ist die Sehnsucht nach den verlorenen Jungen von so langer Dauer als bei dem Menschen, der seinem Schmerze nachhängt und nicht bloß in dem Maße davon ergriffen wird, als er ihn wirklich fühlt, sondern als er ihn zu fühlen sich vorgenommen hat.*

Immer wieder müssen wir unser Herz daran erinnern, dass Menschen und Dinge die wir lieben, wieder verschwinden werden. Wir alle müssen, wie die Psychoanalytikerin Verena Kast betont, die Kunst des *abschiedlich Existierens* üben. In diesem Loslassen hilft uns die Haltung der *Dankbarkeit*. Seneca an Marcia: *Gestehst du aber, du habest große Freuden durch deinen Sohn genossen, so darfst du nicht darüber klagen, was dir entzogen worden ist, sondern musst für das danken, was du geerntet hast.*

In einer Epoche, in der die Konsumgesellschaft das Götzenbild ewiger Jugend anbietet und das Problem des Todes an Intensivstationen und routinierte Bestattungsagenturen delegiert, hat es seine eigene Würde, Senecas Reflexionen über Tod und Trauer zu lesen. Er lässt, im Unterschied zu der Haltung der Gefühlsabstinenz der alten stoischen Philosophie, die Affekte der Trauer durchaus zu, ja er begrüßt sie als notwendige kathartische, also reinigende Akte des Herzens.

Aber als ein Denker der *modestas, des Maßes*, grenzt Seneca die Trauer auch ein und führt sie auf einen Modus der Erträglichkeit zurück: *Wenn aber die Gestorbenen durch kein Zerschlagen der Brust zurückgerufen werden, wenn das unbewegliche und in Ewigkeit feststehende Geschick durch kein Jammern beendet wird und der Tod alles, was er dahingerafft hat, zurückzugeben sich weigert, so höre der Schmerz auf, der ja doch vergeblich ist. Wir wollen uns beherrschen, und jene Gewalt soll uns nicht querfeldein mit sich fortreißen.*

In einer späteren Trostschrift erinnert er die Römerin Helvia, die ihren Mann verloren hat, an die Trauerbestimmungen der Vorfahren: *Deshalb haben unsere Vorfahren eine Zeit von zehn Monaten zur Trauer über den Verlust von Ehemännern festgesetzt, damit sie sich durch eine öffentliche Satzung mit der Hartnäckigkeit weiblichen Kummers abfinden; sie haben die Trauer nicht verhindert, sondern ihr nur ein Ziel gesteckt. Denn es ist ebenso wohl eine törichte Hartnäckigkeit, sich unbegrenztem Schmerze hinzugeben, wenn man einen von seinen Teuersten verloren hat, als unmenschliche Fühllosigkeit, dabei gar keinen Schmerz zu empfinden.*

Seneca erinnert Marcia an das große *Stirb und werde* des Lebens: *Sterblich bist du geboren, Sterbliche hast du zur Welt gebracht; du, ein morscher und hinfälliger Leib und wiederholt von Krankheiten heimgesucht, du glaubst, in einem so schwächlichen Stoffe etwas Festes und Ewiges zu tragen? Dein Sohn ist gestorben, das heißt, er ist an das Ziel gelangt, dem alle zueilen … Sowohl was du liebst, als was du verachtest, wird zur Asche und einander gleich werden.*

Seneca beschwört den Sieg des Geistes über den Tod, wie ihn Gottfried Benn in seinem Gedicht *Knabenchor* poetisch ausdrückte:

Knabenchor

So sprach das Fleisch zu allen Zeiten:
nichts gibt es als Satt- und Glücklichsein!
Uns aber soll ein andres Wort begleiten:
das Ringende geht in die Schöpfung ein.

Das Ringende, von dem die Glücke sinken,
das Schmerzliche, um das die Schatten wehn,
die Lechzenden, die aus zwei Bechern trinken,
und beide Becher sind voll Untergehn.

Des Menschen Gieriges, das Fraß und Paarung
als letzte Schreie durch die Welten ruft,
verwest an Fetten, Falten und Bejahrung,
und seine Fäulnis stößt es in die Gruft.

Das Leidende wird es erstreiten,
das Einsame, das Stille, das allein
die alten Mächte fühlt, die uns begleiten –:
und dieser Mensch wird unaufhörlich sein.

Sinn des Lebens

Das höchste Gut ist eine das Zufällige geringschätzende, ihrer Tugend frohe Seele, oder eine unüberwindliche Kraft der Seele, voll Einsicht, ruhig im Handeln, dabei reich an Menschenliebe und Rücksicht für die, mit denen man lebt.

Seneca,
Vom glückseligen Leben

Der Tod hat einen schlechten Ruf, konstatiert Seneca. Warum eigentlich? Seneca an Lucilius: *Niemand von denen, die gegen ihn Klage erheben, hat ihn erfahren. Aber es ist doch leichtfertig, etwas zu verurteilen, was man nicht kennt. Dies hingegen weißt du: Für wie viele er nützlich ist, wie viele er von Qualen befreit, von Not, Klagen, Martern und Lebensekel.*

Seneca befindet sich mit seinen milden Gedanken über den Tod in guter antiker Gesellschaft. Es ist sein Kollege Plutarch (45 bis 125 n. Chr.), der Senecas Gedanken von den vielen

SINN DES LEBENS?

Toden in unserem Leben weiterdenkt. Der Grieche Plutarch, Konsul unter Trajan, Statthalter von Griechenland, Priester des delphischen Apollon, beobachtet: *Was entsteht, gelangt niemals zu einem wirklichen Sein, denn das Werden und Schaffen kommt niemals zum Aufhören und Stillstehen, sondern vom Samen an bringt es unaufhörliche Wandlungen hervor und schafft so zunächst die Leibesfrucht, dann das Kind, den Knaben, darauf den Jugendlichen, den Jüngling, dann den Mann, den Alten und schließlich den Greis, so dass immer das frühere Werden und das frühere Lebensalter in den folgenden untergeht. Es ist also lächerlich, wenn wir den e i n e n Tod fürchten, da wir doch schon so viele Tode gestorben sind und immer von neuem sterben … Denn der Mann geht dahin, wenn der Kreis vollendet ist, der Jüngling stirbt, wenn er sich in den Mann wandelt, und der Knabe geht unter in dem Jüngling, das Kind in dem Knaben. Das Gestern ist in dem Heute gestorben, und das Heute stirbt in dem Morgen. Niemand bleibt und niemand ist ein einziger, sondern wir werden viele.*

Eine besondere Umwertung erfährt der Tod im Christentum. Die Theologen würdigen ihn nunmehr unter dem Gesichtspunkt der Erlösung als einen Durchgang zu einer neuen Existenz. So kann Martin Luther (1483–1546) vom *Tod des Todes* sprechen. Die Unsterblichkeit der Seele zählt zu den fundamentalen Lehraussagen der Kirche. Der Mensch steht jetzt im Spannungsverhältnis zwischen *Welt* und *Himmel*.

Wichtig ist jedoch dem Christentum wie der aufgeklärten Antike, dass der Tod als das zentrale Geschehen des Lebens, als *Mitte im Leben*, zum Gegenstand der *Sterbekunst* gewertet wird. Ist der Tod nach Paulus der *Sünde Sold* (Römer 6,23), also Folge von Adams Ungehorsam, so ist er in der stoischen Philosophie schlicht ein *Werk der Natur* (Marc Aurel).

Die stoische Philosophie, auch die Senecas, ist dabei nicht eindeutig: In der Frage nach der Existenz des Menschen nach dem Tod schwankt sie zwischen dem Glauben an ein personales Weiterleben und der Annahme eines apersonalen Aufgehens im kosmisch-göttlichen Urgrund. Für Seneca ist der Tod schon deshalb nicht furchtbar, weil er ein kosmisches Gesetz darstellt.

Das *mysterium mortis*, das unentschlüsselbare Geheimnis des Todes, bleibt. Noch der sterbende Dichter Matthias Claudius (1740 bis 1815), der sich oft mit *Freund Hein* unterhalten hatte, bekannte kurz vor seinem Tod: *Mein ganzes Leben hindurch habe ich an diesen Stunden studiert, nun sind sie da, aber noch begreife ich so wenig als in den gesunden Tagen, auf welchem Wege es zu Ende gehen wird.*

Seneca ist ein Lehrer der *ars moriendi*, wörtlich der Kunst des Sterbenmüssens. Immer wieder gibt Seneca seinen Lesern zu verstehen: *Leben lernen heißt Sterben lernen.* Nichts nützt uns bei der Sache mit dem Tod mehr als Klarheit und Illusionslosigkeit. Seneca würde mit dem amerikanischen Chirurg und Medizinhistoriker Sherwin B. Nuland übereinstimmen, der in seinem Buch *Wie wir sterben. Ein Ende in Würde?* die Realität des Todes nüchtern biologisch-moralisch würdigt:

Eine realistische Einschätzung muss auch der Tatsache Rechnung tragen, dass die Lebensspanne, die jedem von uns auf dieser Welt beschieden ist, mit den Erfordernissen des Weiterbestandes der Gattung in Einklang steht. Die Menschheit bleibt trotz ihrer herausragenden Stellung im Vergleich zu den anderen zoologischen und biologischen Lebensformen Teil eines übergreifenden Ökosystems.

Die Natur macht keine Unterschiede, wir müssen sterben, damit die Gattung weiterleben kann. Wir nehmen am Wunder des Lebens teil, weil Milliarden und Abermilliarden Lebewesen uns den Weg bereitet haben und dann gestorben sind – gewissermaßen für uns. Auch wir sterben, damit andere leben können. Und: *Die Tragödie des Individuums wird auf der Waage der Natur zum Triumph der überlebenden Gattung.*

Vor fast 3000 Jahren hat ein biblischer Psalmist den Gedanken der ewigen Wiederkehr des Gleichen in der Natur mit poetischem Realismus so ausgedrückt: *Des Menschen Tage sind wie das Gras; er blüht wie eine Blume des Feldes: Wenn der Wind darüber geht, so ist sie dahin, und ihre Stätte weiß nichts mehr von ihr.* (Ps. 103, 15–16)

Was wäre Philosophie, wenn sie uns nicht helfen würde, den je eigenen Sinn des Lebens zu entschlüsseln. Ein Denken, das diese Hilfeleistungen nicht schafft, bringt Steine statt Brot. In seiner schönen knappen Schrift *De vita beata* (*Vom glückseligen Leben*) macht sich Seneca, man möchte fast sagen, anmutige Gedanken. Gutes Leben, eröffnet die Philosophie, ist eigenes Leben, die Schatzsuche im

Inneren: *Folgen wir nicht, wie das Herdenvieh, der Schar der Vorangehenden! … Lasst uns etwas suchen, das nicht bloß dem äußeren Scheine nach gut, sondern gehaltvoll, gleichförmig und auf der verborgenen Seite sogar noch schöner ist.*

Die Glücksvorstellungen der Massengesellschaft, Brot und Spiele, sind zwar medienwirksam, aber sie verfehlen unseren Wesenskern. Vor allem definiert sich Glück nach Seneca nicht einfach im materiellen Besitz. Reichtum ist oft sinnentleert. An Lucilius hatte Seneca schon bemerkt: *Wie viele Dinge überflüssig sind, merken wir erst, wenn wir sie nicht mehr haben; wir benutzen sie, nicht weil wir sie brauchten, sondern weil sie uns zur Verfügung standen. Und wie vieles schaffen wir an, weil es andere auch schon angeschafft haben und weil die meisten es besitzen.* Mit Nietzsche könnte Seneca sagen: *Wer wenig besitzt, wird umso weniger besessen.*

Seneca hält den Reichtum für ein Akzidens, ein äußerlich Dazukommendes. Selbst Multimillionär verrät er Lucilius: *Wie es unerheblich ist, ob man einen Kranken in ein Bett aus Holz oder in ein goldenes legt (wohin man ihn auch bettet, er nimmt seine Krankheit mit), so ist es auch gleichgültig, ob eine kranke Seele von Reichtum oder Armut umgeben ist: Ihr Leiden begleitet sie.*

Glück ist, so Seneca, eine Art leib-seelische Harmonie: *Glückselig ist ein Leben, welches mit seiner Natur in Einklang steht; dies aber kann uns nicht anders zuteil werden, als wenn zuerst der Geist gesund und in beständigem Besitz seiner Gesundheit ist; sodann, wenn er kräftig und entschlossen, zudem sittlich rein und geduldig ist, sich den Umständen fügt, für den Körper und seine Bedürfnisse besorgt ist.*

Glückseliges Leben kann nie eine egozentrische, extraterritoriale Existenz jenseits der Gemeinschaft sein. Ohne Liebe und menschliche Teilnahme gibt es kein Glück. Seneca: *Das höchste Gut ist eine das Zufällige geringschätzende und ihrer Tugend frohe Seele oder: Eine unüberwindliche Kraft der Seele, voll Einsicht, ruhig im Handeln, dabei reich an Menschenliebe und Rücksicht für die, mit denen man lebt.*

Ähnlich wie für Sokrates gibt es für Seneca kein Glück ohne Tugend, ohne *aufrechten Gang* (Ernst Bloch) und verantwortungsvolle Moralität: *Das höchste Gut liegt in dem Bewusstsein und im Wesen einer edlen Seele, und wenn diese ihr Wesen vollendet und sich in ihre Sphäre eingeschlossen hat, so ist das höchste Gut erreicht, und sie will weiter nichts mehr. ... Du fragst, welchen Gewinn ich aus der Tugend ziehen will? Sie selbst; denn sie hat nichts Besseres, sie ist sich selbst ihr Lohn.*

Seneca findet Formulierungen, die wir auch bei Immanuel Kant und Friedrich Schiller entdecken könnten: *Wenn ich dir sage, das höchste Gut ist unbeugsame Beharrlichkeit und Einsicht und Scharfblick und Gesundheit und Freiheit und Harmonie und Schönheit der Seele, verlangst du dann noch etwas Größeres? Was sprichst du von Vergnügen? Des Menschen Glück suche ich, nicht des Bauches, der ist beim Vieh und bei Tieren geräumiger.*

Scharf rechnet Seneca mit der römischen Gesellschaft ab, die in ihren führenden Klassen nicht anders als heute, eine *fun-society, eine Spaß-Gesellschaft*, darstellt und sich zu Tode amüsiert: *So setzt der, welcher dem Vergnügen nachjagt, alles andere ihm nach und achtet vor allem seine Freiheit nicht, sondern bringt sie dem Bauche zum Opfer und erkauft sich nicht Vergnügungen, sondern verkauft sich an sie.*

Dabei ist Seneca kein grämlicher Spaßverderber. Er missgönnt weder sich noch anderen den Wohlstand: *Reichtum stimmt und erheitert den Weisen so, wie den Schiffenden günstiger Fahrwind, wie ein schöner Tag oder ein sonniger Ort in Winterszeiten … Mir wird der Reichtum, auch wenn er schwindet, nichts entführen als sich selbst; du aber wirst erstarrt sein und dir vorkommen, als seist du ohne dich selbst zurückgeblieben, wenn er von dir gewichen ist. Mir nimmt der Reichtum allerdings einen gewissen Rang ein, bei dir aber den höchsten und bedeutendsten; ich bin im Besitz des Reichtums, dich aber hat der Reichtum im Besitz.* So bemerkt Seneca an Lucilius.

Der innere Reichtum ist, wenn es eine Sicherheit überhaupt gibt, der Garant eines glückseligen Lebens. Seneca: *Stelle mich in das reichste Haus, stelle mich dahin, wo Gold und Silber in gewöhnlichem Gebrauche ist; ich werde mir auf jene Dinge nichts einbilden, die, wenn sie auch bei mir, doch außerhalb meiner sind. Versetze mich auf die Pfahlbrücke und stoße mich unter die Bettler: Ich werde darum nicht weniger von mir halten, wenn ich unter denen sitze, die die Hand nach einem Almosen ausstrecken. Denn was liegt daran, ob mir der Bissen Brot fehlt, da ich die Freiheit habe, zu sterben, wenn ich will?*

Mit dem letzten Punkt, der Freiheit *zu ster-*

ben, wenn ich will, berührt Seneca das Problem des Freitodes. Das ist ein heikles Thema und auch heute noch ein Tabu in unserer Gesellschaft. Dabei nehmen sich, statistisch ausgewiesen, jedes Jahr in Deutschland gegenwärtig elftausend Menschen das Leben. Das entspricht immerhin der Population einer Kleinstadt. Die Wissenschaftler gehen überdies von einer Dunkelziffer von etwa fünfundzwanzig Prozent nicht erfasster Selbsttöter aus. Besonders hinter Drogen- und Verkehrstoten verbergen sich oft Suizide. Die Zahl der jährlichen Suizidtoten ist höher als die Zahl der Drogen-, Verkehrs-, Aidstoten und aller Mordopfer in Deutschland zusammen.

Das Tabu liegt einmal in der moralischen Entwertung, die suizidalen Menschen über Jahrhunderte unter dem Einfluss christlicher Moralvorstellungen entgegengebracht wurde, begründet. Andererseits fühlen sich die Hinterbliebenen schweren negativen Gefühlen ausgesetzt: Angst, Schuldgefühle, Ärger, Wut, Verzweiflung. Alle vierzig Minuten tötet sich in Deutschland ein Mensch, alle fünf Minuten versucht es einer. Die Zahl der nicht gelungenen, vertuschten Suizidversuche dürfte ein

Mehrfaches der tatsächlichen Todesfälle betragen. Ein so genannter Freitod – der in der Regel alles andere als frei ist – stürzt die zurückgebliebenen Angehörigen und Freunde in ein Chaos von Gefühlen. *Seitdem sich mein Mann von einer Autobahnbrücke gestürzt hat*, so sagte einmal weinend eine Klientin zu mir in der Sprechstunde, *werde ich meines Lebens nicht mehr froh. Ich hätte doch seine Not erkennen müssen.*

Die Amtskirche hat den Suizid geächtet und die Menschen, die sich selbst zu töten wagten, noch posthum barbarisch behandelt. Im Jahr 348 verurteilte das Konzil von Kathargo den freiwilligen Tod. 381 beschließt der Bischof von Alexandrien, Timotheus, dass es für „Selbstmörder" keine Gebete mehr geben dürfe, außer im Fall erwiesenen Irreseins. Dies diskriminiert ja den aus dem Leben Ausgeschiedenen nachträglich noch. Nicht anders hat nach dem Suizid von Hannelore Kohl der katholische Hamburger Bischof der Verstorbenen heuchlerisch eine Verwirrung der Sinne und Unzurechnungsfähigkeit bescheinigt, um nur ja nicht die Würde ihres Entschlusses – wie immer man ihn beurteilt – respektieren zu müssen.

Der „heilige“ Augustinus verkündete in seinem Werk *Der Gottesstaat* die orthodoxe Doktrin, die zur offiziellen Position der Kirche werden sollte: *Das aber sagen, das versichern wir, daran halten wir mit aller Entschiedenheit fest, dass niemand freiwillig den Tod suchen darf, um zeitlicher Pein zu entgehen, er würde sonst der ewigen anheimfallen.*

Das ist nicht einfach nur so akademisch dahingesagt. Ein auf dem Bayerischen Land lebender Vater, dessen zwanzigjähriger Sohn sich aus Liebeskummer erhängte, berichtete mir, noch sichtlich unter Schock stehend, dass der katholische Gemeindepfarrer sich trotz neuen Kirchenrechts gewunden habe, den Toten christlich zu beerdigen: *Ich fand dann einen anständigen Jesuitenpater, der Predigt und Segen übernahm.*

Wie grausam die Kirche mit dem Leichnam des Suizidanten, aber auch mit den Hinterbliebenen umging, das beschreibt der französische Religions- und Sozialhistoriker Georges Minois in seinem Werk *Geschichte des Selbstmords*: *Unter den ältesten christlichen Texten befindet sich eine Verordnung der Gemeinde von Lille aus dem 13. Jahrhundert, die vorsieht, dass die Leiche bis zum Galgen geschleift und dann aufgehängt werde, wenn es sich um einen Mann handelt, und verbrannt wird, wenn es eine Frau ist. ... In Zürich wird der Leiche ein Los zugedacht, das der Art des verübten Selbstmords nachempfunden ist: Hat sich einer erstochen, so schlägt man einen Holzkeil in den Schädel; hat er sich ertränkt, so wird er fünf Fuß vom Wasser in den Sand verscharrt; hat er sich zu Tode gestürzt, so legt man ihm drei schwere Steine auf den Kopf, auf den Leib und auf die Füße und begräbt ihn unter einem Berg ... In einigen Regionen Deutschlands wird die Leiche auf einer Kuhhaut geschleift, in Fesseln aufgehängt und der Verwesung überlassen ... In England wird der Selbstmörder unter der Landstraße begraben, vorzugsweise unter einer Weggabelung, wo mehr Leute vorbeikommen, sodann mit einem Holzpfahl, der die Brust durchbohrt, an den Boden genagelt; das soll verhindern, dass er als Geist wieder aufersteht und die Lebenden heimsucht; denn der Selbstmord ist ein unheilbringender Tod, der das Werk der Mächte des Bösen veranschaulicht ... Die Hinrichtung des toten Körpers ist ein exorzistischer Ritus und zugleich eine Abschreckungsmaßnahme. Sie ist auch eine furchtbare Prüfung für die Fami-*

lie, die diesem öffentlichen Schauspiel, das die ganze Sippe entehrt, beiwohnen muss. Noch eine weitere Prüfung harrt der Familie: Die Konfiszierung der Habe … In einigen französischen Provinzen kommt noch der Brauch … hinzu, der darin besteht, die Mauern des Hauses des Selbstmörders auf der Seite der Landstraße einzureißen, seine Wiesen zu verbrennen, seine Weinstöcke und Bäume auf Mannshöhe zu beschneiden.

Die protestantische Welt ist nicht weniger streng, beobachtet Minois. Wer sich selbst tötet, meint Luther, ist *vom Dämon besessen*. Oft werden Selbsttöter, mit dem Kopf nach unten, geschleift und an den Füßen aufgehängt. Die Bestrafung der Selbsttötung ist, schreibt Minois, äußerst grausam: *Auf dem Weidengeflecht geschleifte, an den Füßen aufgehängte, verbrannte oder auf den Schindanger geworfene oder, in England, unter einer öffentlichen Straße mit einem Pfahl in der Brust verscharrte Leichen: Die Hölle ist ihnen sicher, ihre Güter werden eingezogen … Der Selbstmord beim Volk, fast immer durch Erhängen oder Ertränken verübt, wird als Familienschande erlebt und man versucht, ihn systematisch als Unfall zu tarnen oder als Wahnsinnstat darzustellen.*

Minois: *Bis Ende des Mittelalters gilt, dass diejenigen, die freiwillig aus dem Leben scheiden, im Jenseits bestraft werden.*

Was mögen die Gründe dieser kollektiven Verdrängung sein, fragt sich Minois. Er gibt die Antwort: *Das schwarze Loch der Vernichtung empört und macht Angst, und wer sich freiwillig hineinstürzt, gilt als verrückt. Aber rührt diese kollektive und individuelle Ablehnung nicht daher, dass jeder eine unüberwindliche Abneigung verspürt, an ein Schicksal zu denken, von dem er weiß, dass es ihn unausweichlich ereilen wird?*

Vom Altertum bis heute haben Menschen den Freitod gewählt. Gerade in der griechisch-römischen Vergangenheit gaben sich hervorragende Persönlichkeiten selbst den Tod: Demosthenes, Pythagoras, Empedokles, Demokrit, Diogenes, Zenon, Sokrates (auf Geheiß des Gerichtes), Cato, Lukrez, Antonius, Kleopatra, Brutus, Cassius, Varus und viele andere. Waren sie Feiglinge? Gerieten sie in Verdammnis? Wohl kaum.

Suizid ist damals wie heute keine Perversion, sondern gehört, wie bitter auch immer, zur Realität der Gesellschaft. Der Begriff *Selbstmörder* freilich ist denunzierend, weil er niedrige heimtückische Motive unterstellt. Ein Suizidant ist kein Mörder. Letztlich stoßen wir auf die philosophische Frage, wem Körper, Geist und Seele eines Menschen gehören – ihm selbst oder einer Gott genannten übergeordneten Instanz?

Im Mittelalter behauptete der Scholastiker Thomas von Aquin (1225 bis 1274): *Wer sich des Lebens beraubt, sündigt gegen Gott, so wie der, der einen Sklaven tötet, gegen den Besitzer des Sklaven sündigt.* Die Kirche verbot ihren Pfarrern, den Suizidopfern Messen zu lesen und sie auf geweihter Erde zu bestatten.

Zwar darf nach dem neuen kirchlichen Gesetzbuch der katholischen Kirche seit 1983 das kirchliche Begräbnis für ein Suizidopfer nicht mehr verweigert werden. Die Begründung der Deutschen Bischofskonferenz ist allerdings hanebüchen. Da es sich letztlich nicht nachweisen lasse, ob jemand in der Selbsttötung wirklich ein letztes Nein zu sich selbst und zu Gott gesprochen habe, verurteile die Kirche zwar die „Sünde“ des Suizids, aber nicht den Menschen, von dem nicht sicher sei, ob er wirklich ein Selbstmörder bei klarem Bewusstsein gewesen sei.

Aber auch im evangelischen Erwachsenenkatechismus *Kursbuch des Glaubens* liest man verblüfft: *So wenig es also dem Christen ansteht, einen Selbstmörder zu verdammen, so sehr muss er sich ins Bewusstsein rufen und darauf aufmerksam machen, dass es eine Anmaßung ist, sich selbst zum Herr über das eigene Leben zu ernennen. Nach christlicher Auffassung hat der Mensch kein Recht zu einem solchen zerstörerischen Eingriff, da er sich das Leben auch nicht selbst gab, sondern mit einem Lebensauftrag von Gott geschenkt bekam.*

Dagegen verriet der – später von den Nationalsozialisten ermordete – mutige evangelische Theologe Dietrich Bonhoeffer bereits 1926 in seinem Werk *Ethik* Einfühlung und Barmherzigkeit, wenn er schrieb: *Das unwillkürliche Gefühl des Schauders, das uns angesichts der Tatsache eines Selbstmordes ergreift, ist nicht auf die Verwerflichkeit, sondern auf die schaurige Einsamkeit und Freiheit solcher Tat zurückzuführen, in der Bejahung des Lebens nur noch in seiner Vernichtung besteht … Wer nicht mehr leben kann, dem hilft auch der Befehl, dass er leben soll, nicht weiter. Der Selbstmord ist der Versuch des Menschen, einem menschlich sinnlos gewordenen Leben einen letzten menschlichen Sinn zu verleihen.*

Der evangelische Theologe Prof. Peter Jörns plädiert denn auch in seinem Aufsatz *Selbstmord, Freitod, Suizid – Spiegel des Menschlichen in der Verzweiflung* (*Monatsschrift für Seelsorge und Beratung*/1998): *Es ist als eine wichtige Aufgabe der Seelsorge erkannt worden, erniedrigende Vorurteile über den Suizid mit abbauen zu helfen. Wir müssen lernen, Menschen wahrzunehmen, wie sie sind und hören, was sie glauben … Eine große Aufgabe für eine Gemeinde stellt die Betreuung der Hinterbliebenen von Selbstmördern dar, weil sie besonders hart mit Schuldgefühlen zu kämpfen haben und des Schutzes der Gemeinschaft bedürfen, damit keine Teufelskreise von Verzweiflungstaten entstehen.*

Warum würdige ich die Auseinandersetzung um den Suizid so ausführlich? Weil die antike Philosophie, insbesondere die würdige stoische Auffassung zur Selbsttötung und Autonomie des Menschen, barmherzig und hilfreich ist. Sie kann einen wichtigen Impuls für ein neues Verständnis von Selbstbestimmung auch in der Todesfrage geben. Immerhin stammt sie von einem Mann, der, ähnlich wie Sokrates, keinen Augenblick gezögert hat, sich selbst den Tod zu geben, und der nicht einen Augenblick die Flucht erwog.

Seneca gibt den Menschen die Entscheidung über sich selbst zurück. An Lucilius schreibt er über den Suizid: *Doch wirst du sogar Lehrer der Philosophie finden, die bestreiten, dass man seinem Leben Gewalt antun dürfe, die es für einen Frevel halten, sich eigenhändig zu töten: Man habe auf das Ende zu warten, das die Natur einem bestimmt hat. Wer so redet, sieht nicht, dass er sich den Weg in die Freiheit versperrt: Nichts hat das ewige Gesetz so gut eingerichtet wie die Tatsache, dass es allen zwar nur eine einzige Möglichkeit, ins Leben einzutreten, gegeben hat, aber viele Möglichkeiten, es zu verlassen.*

Wann kann der Entschluss zum Beenden des eigenen Lebens sinnvoll sein? Seneca: *Soll ich die Grausamkeit einer Krankheit oder eines Menschen abwarten, obwohl ich einen Ausweg mitten durch die Folterungen habe und alles Unglück abschütteln kann? Aus einem einzigen Grund können wir uns über das Leben nicht beklagen: Es hält niemanden fest … Gefällt dir das Leben? Dann lebe! Gefällst es dir nicht? Du darfst dahin zurückkehren, von wo du gekommen bist.*

Das will jedoch nicht heißen, dass Seneca

leichtfertig empfiehlt, suizidalen Anwandlungen einfach nachzugeben und nicht um die köstliche Gabe Leben zu kämpfen. Aber er macht keinen Hehl aus seiner eigenen Affinität zur Selbsttötung. Das ist ungewöhnlich ehrlich: *Schon oft nahm ich einen Anlauf, mein Leben zu beenden, aber das hohe Alter meines überaus gütigen Vaters hielt mich stets zurück. Ich war mir nämlich bewusst, dass ich zwar tapfer sterben könnte, er aber nicht in der Lage wäre, den Verlust tapfer zu ertragen. Daher habe ich mir befohlen, weiter zu leben. Am Leben zu bleiben ist mitunter ja auch eine tapfere Tat.*

Der kluge Philosoph weiß natürlich um die Gegenmittel: *Unsere wissenschaftlichen Studien haben mich geheilt; der Philosophie schreibe ich es zu, dass ich mich wieder erhoben habe, dass ich wieder gesund geworden bin. Ich verdanke ihr mein Leben, und nichts Geringeres als das. Zu meiner Genesung haben jedoch auch meine Freunde viel beigetragen: Ihre Ermunterung, ihre Nachtwachen, ihre Gespräche haben mich aufgerichtet.*

Seneca möchte den Menschen ermuntern, selbst zu entscheiden, ob er eine schwere unheilbare Krankheit und Schmerzen weiter aushalten oder ihnen durch den Tod ein Ende setzen will. Die Todesentscheidung ist das Geheimnis und das moralische Residuum des Einzelnen: *Nirgends müssen wir mehr als beim Tod unseren Gefühlen folgen. Man soll aus dem Leben gehen, wie einem zumute ist. Ob man zum Dolch greift oder zur Schlinge oder zum Gifttrank, der die Adern durchströmt, man soll fortfahren und die Fesseln der Knechtschaft sprengen.*

Seneca verurteilt nicht. Er sieht in der Selbsttötung einen Freiheitsakt, der unter allen Geschöpfen nur dem Menschen vorbehalten ist. Knapp befindet der Philosoph: *Du fragst nach einem Weg zur Freiheit? Jede beliebige Ader in deinem Körper führt zum Ziel.*

Wie Sokrates, stirbt Seneca mit eigener Hand und mit *tranquillitas animi*, mit Seelenruhe. Lassen wir den Historiker Tacitus über das Ende berichten: *Seneca verlangte unerschrocken, die Niederschrift seines Testaments zu bringen. Als dies der Centurio ablehnte, wandte er sich an seine Freunde mit den Worten, da er ja gehindert werde, ihnen für ihre Verdienste den schuldigen Dank abzustatten, hinterlasse er ihnen das nunmehr Einzige, jedoch auch das Schönste, das er besitze, das Bild seines Lebens. Wenn sie dies im Gedächtnis behielten, würden sie den Ruf einer ed-*

len Bildung als Lohn für ihre so unerschütterliche Freundschaft davontragen.

Zugleich suchte er durch allerlei Gespräche und dann wieder nachdrücklich im Tone der Zurechtweisung ihrem Weinen Einhalt zu gebieten und sie zu einer festen Haltung zurückzuführen, indem er fragte, wo denn die Lehren der Philosophie geblieben seien, wo die in so vielen Jahren geübte Einstellung auf drohende Gefahren. Wem sei die Grausamkeit Neros nicht bekannt gewesen? Es sei Nero ja nach der Ermordung seiner Mutter und seines Bruders nichts anderes übriggeblieben, als auch seinen Erzieher und Lehrer umzubringen.

Als er dieses und Ähnliches, gleichsam für die Allgemeinheit berechnet, gesprochen hatte, umarmte er seine Gemahlin, und weil er jetzt um sie fürchtete, etwas weicher gestimmt, bat er sie inständig, ihren Schmerz zu mäßigen und sich ihm nicht ewig hinzugeben, sondern in der Betrachtung seines der Tugend gewidmeten Lebens die Sehnsucht nach dem Gatten durch tröstende edle Gedanken zu mildern. Seine Frau dagegen beharrte darauf, dass auch ihr der Tod bestimmt sei, und forderte die Hand des Mörders. Da sagte Seneca, der ihrem rühmlichen Entschluss nichts in den Weg legen wollte, zugleich in der Furcht, er müsse die von ihm einzig Geliebte Misshandlungen überlassen: „Ich habe dir die Mittel gezeigt, die das Leben erträglicher machen, du ziehst es vor, rühmlich zu sterben. Ich werde diesem deinem löblichen Entschluss nichts in den Weg legen. Mögen wir beide die gleiche feste Haltung bei diesem tapferen Sterben zeigen und dein Ende rühmlicher sein!"

Darauf öffneten sie sich beide gleichzeitig die Pulsadern. Weil bei Senecas durch Alter und spärliche Nahrung geschwächtem Körper das Blut nur langsam abfloss, öffnete er auch die Adern an den Schenkeln und Kniekehlen. Von schweren Schmerzen erschöpft, riet er seiner Gattin, um nicht ihre mutige Haltung durch seine Schmerzen zu erschüttern und seinerseits durch den Anblick ihrer Qualen in den Zustand des Schwachwerdens zu verfallen, in ein anders Gemach zu gehen. Und da ihn auch im letzten Augenblick seine Beredsamkeit nicht im Stich ließ, rief er seine Schreiber herbei und diktierte ihnen längere Ausführungen …

Aber da Nero keinen persönlichen Hass gegen Paulina hegte und er vermeiden wollte, dass die Empörung über seine Grausamkeit weiter um sich greife, befahl er, ihren Tod zu verhindern. Auf Zureden der Soldaten verbanden die Sklaven und Freigelassenen ihre Arme und stillten das Blut, wobei man nicht weiß, ob sie es bemerkte. Sie lebte dann noch einige Jahre in löblichem Gedenken an ihren Mann mit so bleichem und fahlem Gesicht und Körper, dass man deutlich sah, wie viel sie von ihrer Lebenskraft eingebüßt hatte.

Indessen bat Seneca, da bei ihm das Verbluten nur langsam vor sich ging und das Sterben sich verzögerte, seinen lange bewährten treuen Freund und Arzt Statius Annaeus, das schon lange vorgesehene Gift zu holen, mit dem in Athen die von einem staatlichen Gericht Verurteilten hingerichtet wurden. Man brachte es, und er trank es, doch ohne dass es wirkte. Denn seine Glieder waren schon erkaltet und der Körper nahm das Gift nicht mehr in sich auf. Zuletzt stieg er in ein Bassin mit heißem Wasser, und während er die zunächst stehenden Sklaven bespritzte, sagte er, er weihe dieses Nass Jupiter, dem Befreier. Dann ließ er sich in das Dampfbad bringen, wo er erstickte. Darauf wurde er ohne jede Leichenfeier verbrannt. So hatte er es in seinem Testament angeordnet schon zu einer Zeit, da er als ein ungeheuer begüterter und einflussreicher Mann für sein Lebensende vorsorgte.

Lucius Annaeus Seneca ermuntert uns durch sein Werk, sein Leben und seinen aufrechten Tod zu einem starken Selbst. Wenn ich mich bemühe, ein kraftvolles Ich mit Hilfsbereitschaft und sozialem Verständnis zu entwickeln und aus dem bleiernen Schlaf der Unlebendigkeit aufzuwachen, wenn ich Krankheit, Alter und Tod als Herausforderung des Menschlichen annehme, dann habe ich, im Sinne Senecas, den Sinn des Lebens und den Weg zur inneren Freiheit gefunden.

In einem großartigen Gedicht hat der verstorbene Dramatiker Heiner Müller den Philosophen und seinen Tod gewürdigt. Der Schriftsteller zitiert, im Gedicht in Normalschrift gesetzt, die letzten Worte und Anordnungen des Denkers. Er lässt die Gedanken des Sterbenden zu den Wiesen seiner spanischen Kindheit schweifen. Nehmen wir mit diesem Poem den unsterblichen Humanisten und Menschenfreund Seneca dankbar in unser Herz.

Senecas Tod

Was dachte Seneca (und sagte es nicht),
Als der Hauptmann von Neros Leibwache stumm
Das Todesurteil aus dem Brustpanzer zog,
Gesiegelt von dem Schüler für den Lehrer
(Schreiben und Siegeln hatte er gelernt
Und die Verachtung aller Tode statt
Des eignen goldne Regel aller Staatskunst).

Was dachte Seneca (und sagte es nicht),
Als er den Gästen und Sklaven das Weinen verbot,
Die seine letzte Mahlzeit mit ihm geteilt hatten,
Die Sklaven am Tischende: Tränen sind unphilosophisch.
Das Verhängte muss angenommen werden.
Und was diesen Nero betrifft, der seine Mutter
Und seine Geschwister getötet hat, warum sollte er
Mit seinem Lehrer eine Ausnahme machen? Warum
Verzichten auf das Blut des Philosophen,
Der ihn das Blutvergießen nicht gelehrt hat.

Und als er sich die Adern öffnen ließ,

An den Armen zunächst, und seiner Frau,
Die seinen Tod nicht überleben wollte.
Mit einem Schnitt von einem Sklaven wahrscheinlich.
Auch das Schwert, auf das Brutus sich fallen ließ,
Am Ende seiner republikanischen Hoffnung,
Musste von einem Sklaven gehalten werden.

Was dachte Seneca (und sagte es nicht),
Während das Blut zu langsam seinen zu alten
Körper verließ, und der Sklave gehorsam dem Herrn
Auch noch die Beinadern und Kniekehlen aufschlug.
Gewisper mit ausgetrockneten Stimmbändern:
Meine Schmerzen sind mein Eigentum.
Die Frau ins Nebenzimmer. Schreiber zu mir.

Die Hand konnte den Schreibgriffel nicht mehr halten,
Aber das Gehirn arbeitete noch, die Maschine,
Stellte Wörter und Sätze her, notierte die Schmerzen.

Was dachte Seneca (und sagte es nicht)
Zwischen den Buchstaben seines letzten Diktats,

Gelagert auf die Couch des Philosophen,
Und als er den Becher leer trank, das Gift aus Athen.
Weil sein Tod auf sich warten ließ, immer noch,
Und das Gift, das vielen geholfen hatte vor ihm,
Konnte nur eine Fußnote schreiben in seinen
Schon beinahe blutleeren Leib, keinen Klartext.

Was dachte Seneca (sprachlos endlich):
Als er dem Tod entgegen ging im Dampfbad,
Während die Luft vor seinen Augen tanzte.
Die Terrasse verdunkelt von wirrem Flügelschlag,
Nicht von Engeln, wahrscheinlich auch der Tod
Ist kein Engel, im Säulengeflimmer beim Wiedersehn
Mit dem ersten Grashalm, den er gesehen hatte
Auf einer Wiese bei Cordoba hoch wie kein Baum.

Ein Verlag, ein Haus, eine Philosophie.

Millionen Bundesbürger kennen den kämpferischen Ganzheitsarzt Dr. Max Otto Bruker (1909–2001) aus dem Fernsehen, aus Vorträgen, durch den „Mundfunk" überzeugter Patienten. Vor allem lesen sie aber die rund 30 Bücher des schwäbischen Humanisten und Seelenarztes. Mit einer Gesamtauflage von über drei Millionen Exemplaren ist Max Otto Bruker der wohl bedeutendste medizinische Erfolgsautor im deutschsprachigen Raum. Der – in der Nachfolge des Schweizer Reformarztes Bircher-Benner scherzhaft „Deutschlands Vollwertpapst" genannte – Massenaufklärer, langjährige Klinikchef und Ernährungsspezialist lehrt zwei fundamentale Erkenntnisse Patienten wie Gesunden: Der Mensch wird krank, weil er sich falsch ernährt. Der Mensch wird krank, weil er falsch lebt.

Hinter den Erfolgstiteln des emu-Verlages steht ein bedeutender Forscher und Arzt, eine Bewegung, ein Haus und tausende Schülerinnen und Schüler. 1994 wurde das „Dr. Max Otto Bruker Haus", das Zentrum für Gesundheit und ganzheitliche Lebensweise, auf der Lahnhöhe in Lahnstein bei Koblenz bezogen. Es stellt die äußere Krönung des Brukerschen Lebenswerkes dar: Der lichte Bau mit seinem Grasdach, den Sonnenkollektoren und den Wasserrecyclinganlagen, seinen Seminarräumen, dem Foyer mit der Glaskuppel und dem liebevollen Biogarten ist als Treffpunkt für all jene konzipiert, denen körperliche und seelische Gesundheit, ökologische und spirituelle Harmonie Herzensbedürfnis und Sehnsucht sind.

Hinter dem eleganten Halbmondkorpus verbirgt sich eine Begegnungsstätte für Gesundheitsbewusste, Seminarteilnehmer, Trost-, Ruhe- und Anregungsbedürftige.

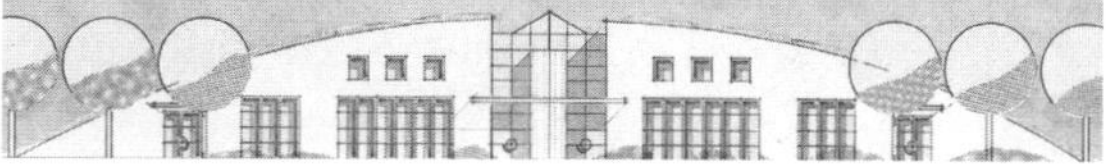

Das Dr.-Max-Otto-Bruker-Haus

Feste Termine:

Jeden Dienstag, 18.30 Uhr: Vortrag von Dr. phil. Mathias Jung (Lebenshilfe und Philosophie)
Jeden Mittwoch, 10.30 Uhr: Fragestunde mit Dr. med. Jürgen Birmanns (Ärztlicher Rat aus ganzheitlicher Sicht)

Ausbildung Gesundheitsberater/in GGB
Lebensberatung/Frauen-, Männer- und Paargruppen

Die vitalstoffreiche Vollwertkost hat ihre Verbreitung, auch im klinischen Bereich, durch die unermüdliche Information und praktische Durchführung von Dr. M. O. Bruker gefunden. Um die Erkenntnisse gesunder Lebensführung und die durch falsche Ernährung provozierte Krankheitslawine ins öffentliche Bewusstsein zu rücken, bildet die von ihm 1978 gegründete „Gesellschaft für Gesundheitsberatung GGB e.V." Gesundheitsberaterinnen und Gesundheitsberater GGB aus. Über 4000 Frauen und Männer haben bislang die berufsbegleitende Ausbildung bestanden und wirken in Volkshochschulen, Bioläden, Lehrküchen, Krankenhäusern, ärztlichen Praxen, Krankenversicherungen und ähnlichen Bereichen.

Auf der Lahnhöhe erhalten sie durch das GGB-Expertenteam nicht nur eine sorgfältige Grundlagenausbildung über die vitalstoffreiche Vollwerternährung und den Krankmacher der „entnatürlichten" (denaturierten) Zivilisationsernährung (raffinierter Fabrikzucker, Auszugsmehle, fabrikatorische Öle und Fette, tierisches Eiweiß usw.), sondern gewinnen auch Einblick in die leibseelischen Zusammenhänge der Krankheiten.

Anfragen zur Gesundheitsberater-Ausbildung wie zu den Selbsterfahrungsgruppen, Lebensberatung, Paartherapie und Psychotherapie bei Dr. Mathias Jung und weiteren Tages- und Wochenendseminaren sowie Einzelberatung sind zu richten an die Gesellschaft für Gesundheitsberatung GGB e.V., Dr.-Max-Otto-Bruker-Str. 3, 56112 Lahnstein (Tel.: 02621/ 917010, 917017, 917018, Fax: 02621/917033).

Fordern Sie ebenfalls ein kostenloses Probe-Exemplar der Zeitschrift „Der Gesundheitsberater" an!

Von Dr. phil. Mathias Jung sind bisher im emu Verlag erschienen:

Gelbe Reihe

Märchen als Schlüssel zum Unbewussten. Mit seinem berühmten Kunstmärchen beschrieb Hans Christian Andersen bereits 1845 den Archetypus des unverstandenen Kindes und Außenseiters in all seiner Verzweiflung und Selbstpreisgabe. In seiner erzählerischen Parabel findet sich eine tiefe Vertrautheit mit den Abgründen und der fast unerschöpflichen Wandlungsfähigkeit der Kreatur Mensch.

160 Seiten. Gebunden
ISBN 3-89189-081-8

Blaue Reihe

Sokrates: Der Störenfried. Der Ortlose. Der Ironiker. Der Begriffsklärer. Der Kritiker des alten Götterglaubens. Die Hebamme des Guten. Sokrates: Der Erotiker. Der Schwule. Der schwierige Ehemann. Der Tapfere. Der Bezwinger der Todesfurcht. Der Nichtwissende.

176 Seiten. Gebunden
ISBN 3-89189-080-X

Rote Reihe

Rund 80 Prozent der Frauen und Männer in Deutschland leiden, laut Wickert-Institut, an Eifersucht.
In der krankhaften Eifersucht wird die Liebe zum Bürgerkrieg. Sie ist eine Sucht. Sie lässt sich nicht mit simplen Ratschlägen und Psychotricks bewältigen. Wie alle existenziellen Äusserungen wurzelt auch sie tief in den Schichten des Unbewussten.

112 Seiten. Gebunden
ISBN 3-89189-079-6

Rote Reihe

FreiRaum: Sich eigenen Raum nehmen zu können, das ist der entscheidende seelische Reifungsschritt. Frauen, aber auch Männer, müssen diese Frage unbedingt klären: Nur wer das Selbstbewusstsein aus einem eigenen Raum der *Identität* bezieht, wird auch den *Mut zum zivilen Ungehorsam,* zum *Ja und Nein in der Liebe* und in der Sexualität gewinnen.

168 Seiten. Gebunden
ISBN 3-89189-090-7

Durch menschliche Anteilnahme und Berührung, hier in Gestalt Jesu, eröffnet sich für zwei Frauen eine neue, hoffnungsvolle Perspektive. Mathias Jung stellt die Bibeldeutung des großen Seelenarztes Dr. Walther H. Lechler vor. Lechler, Begründer des „Herrenalber Modells" einer klinischen „Lern- und Lebensschule" wendet sich an Fromme, Kirchenkritiker und Atheisten.

192 Seiten. Gebunden
ISBN 3-89189-092-3

Sprechstundenreihe

Die Geschwisterbindung ist die längste Beziehung unseres Lebens. Sie ist nährend, schmerzhaft und voller Ambivalenzen: Zuneigung und Ablehnung, Unterstützung und Rivalität, Liebe und Hass.

300 Seiten. Gebunden.
ISBN-3-89189-082-6

Sprechstundenreihe

„Du sollst Vater und Mutter ehren", verlangt die Bibel. Aber was ist, wenn Eltern so tiefe Wunden gerissen haben, dass erwachsene Töchter und Söhne noch heute darunter leiden? Geht es um die Pflicht oder die Chance der Versöhnung? Wer soll den ersten Schritt tun? Wie könnte er aussehen?

332 Seiten. Gebunden
ISBN 3-89189-077-X

Sprechstundenreihe

Die Lebensmitte stellt uns vor unabweisbare Probleme und kühne Herausforderungen – ist meine Beziehung noch stimmig? Kann ich meine Kinder loslassen? Verdränge ich mein Altern? Kann ich meine Endlichkeit akzeptieren? Was ist der Sinn meines Lebens?

256 Seiten. Gebunden
ISBN-3-89189-046-X

Sprechstundenreihe

Die Scheidung bedeutet nicht nur Scheitern. Sie ist Abschied vom Quälenden, nicht länger mehr Lebbaren: Aufbruch ins Neue, bislang Ungelebte.
Trennung ist eine der tapfersten seelischen Leistungen unseres Lebens. Denn sie ist schmerzhaft: Sie ist Amputation bei lebendigem Leibe – ohne Narkose.

300 Seiten. Gebunden
ISBN-3-89189-073-7

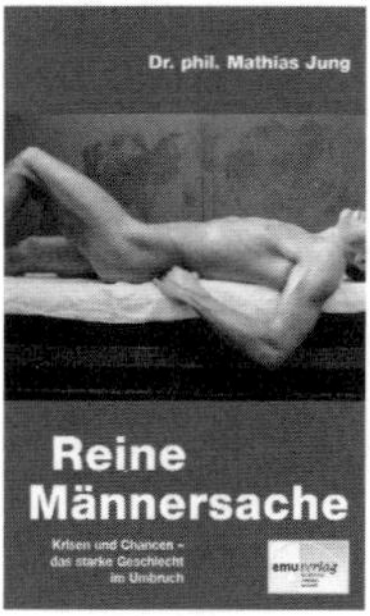

Sprechstundenreihe

Was sind wir Männer doch für'n lustiger Verein, sang Heinz Rühmann.
Tatsächlich stirbt der Mann sieben Jahre früher als die Frau, begeht dreimal so häufig Selbstmord, endet doppelt so häufig mit Leberzirrhose und Lungenkrebs und gilt als „emotionales Sparschwein". Ein Handbuch über den männlichen Seelenaufbruch.

180 Seiten. Gebunden.
ISBN-3-89189-043-5

Sprechstundenreihe

„Heiraten ist", so eine Bantu-Weisheit, „als stecke man eine Schlange in seine Tasche". Es ist gefährlich. Gefährlicher noch ist das Schweigen in der Beziehung, denn es ist das Schweigen der Beziehung.
Dass das sprachlose Paar wieder Worte findet, seine Wahrheit erkennt und sich entwickelt, darum geht es in diesem Buch.

248 Seiten. Gebunden
ISBN 3-89189-066-4

Sprechstundenreihe

Nichts fällt uns schwerer, als selbstbewusst unseren Weg zu gehen. Allzu oft ist uns schon als Kin der Eigen-Sinn gebrochen worden. Wie wir den lebenswichtigen „Mut zum Ich" gewinnen, dazu gibt Dr. phil. Mathias Jung emotionale und intellektuelle Anstöße.

288 Seiten. Gebunden
ISBN 3-89189-070-2

Sprechstundenreihe

„Sucht – das hat doch nichts mit mir zu tun! Ich bin kein Alkoholiker! Ich bin nicht ess-brechsüchtig! Ich nehme keine Drogen!" So wehren die meisten von uns ab. Süchtig sind immer nur die anderen. Aber ist mir süchtiges Verhalten wirklic fremd? Gibt es keine Abhängigkeiten und keine Zwänge in meinem Alltag?

352 Seiten. Gebunden
ISBN-3-89189-076-1

Vom gleichen Autor erschienen folgende Vorträge als Audiokassetten im emu-Verlag

Lebensberatung
- Mein Charakter – mein Schicksal?
- Depression als Chance
- Das Verdrängte in unserer Seele
- Die Wunde der Ungeliebten
- Das Nein in der Liebe
- Was ist der Sinn des Lebens?
- Meine Sprache – meine Seele
- Söhne brauchen Väter
- Krankheit als Kränkung und Anpassung
- Eifersucht – ein Schicksalsschlag?
- Der Mann – ein emotionales Sparschwein
- Der kleine Prinz – mein verschüttetes Ich
- Geschwisterliebe – Geschwisterrivalität
- Verlassen und verlassen werden
- Neurodermitis – Fehlernährter Körper – Aufgekratzte Seele
- Froschkönig – Glück und Zähneklappern der Liebe
- Das verletzte Kind in mir oder Hans mein Igel
- Sein und Schein oder Des Kaisers neue Kleider
- Schneewittchen oder das Drama des Neides
- Das sprachlose Paar
- Zweite Lebenshälfte – Endlichkeit und Aufbruch
- Siddharta: das Rätsel des Lebens
- Das Drama der Trennung
- Ein Zimmer für mich
- Eisenhans oder Wie ein Mann ein Mann wird
- Mut zur Angst
- Das tapfere Schneiderlein oder Mut zum Leben
- Sexualität – Lust und Last
- Eigensinn oder Die Möwe Jonathan
- Außenbeziehung – Krise oder Chance
- Elternablösung – Hänsel und Gretel
- Liebesverträge in der Beziehung
- Lob der Einsamkeit
- Aggressionen unter Liebenden
- Mehr Zeit für mich
- Alkoholkrank: Der Betroffene und seine Familie
- Lebensbedingte Krankheiten nach Dr. M. O. Bruker
- Außenseiter – Das hässliche Entlein
- Befreiung der Weiblichkeit – Das Märchen Blaubart
- Tödliches Schweigen – Der Fischer und seine Frau
- Meditation: Freude – Angst – Hoffnung
- Alter und Tod. Rätsel der Natur
- Verzeihen und Versöhnen
- Frieden mit den Eltern
- Das Paar im Wandel: Jugend, Mitte, Alter
- Sexueller Missbrauch
- Seele – Sucht – Sehnsucht
- Organtransplantation – Sterben auf Bestellung?

Philosophie
- Sokrates oder Die Norm meines Gewissens
- Seneca oder Die Freude des Augenblicks
- Augustinus oder Der Zwiespalt
- Giordano Bruno oder Die neue Welt
- Descartes oder Der Januskopf der Wissenschaft
- Spinoza oder Das Abenteuer der Diesseitigkeit
- Hobbes oder Die Zähmung der Bestie Mensch
- Leibniz oder Die Beste aller Welten
- Voltaire oder Die Waffe des Geistes
- Kant oder Die Mündigkeit
- Hegel oder Der Fortschritt
- Feuerbach oder Die Sache mit Gott
- Marx oder Die Entfremdung des Menschen
- Schopenhauer oder Die Qual des Seins
- Nietzsche oder Die Hymne auf das Leben
- Heidegger oder Die Angst
- Jaspers oder Die Weltphilosophie
- Hannah Arendt oder Vom tätigen Leben
- Bloch oder Prinzip Hoffnung
- Popper oder Die offene Gesellschaft